Udo Kuckartz · Thorsten Dresing
Stefan Rädiker · Claus Stefer

Qualitative Evaluation

D1985290

Udo Kuckartz · Thorsten Dresing
Stefan Rädiker · Claus Stefer

Qualitative Evaluation

Der Einstieg in die Praxis

VS VERLAG FÜR SOZIALWISSENSCHAFTEN

Bibliografische Information Der Deutschen Nationalbibliothek
Die Deutsche Nationalbibliothek verzeichnet diese Publikation in der Deutschen Nationalbibliografie; detaillierte bibliografische Daten sind im Internet über <http://dnb.d-nb.de> abrufbar.

1. Auflage April 2007

Alle Rechte vorbehalten
© VS Verlag für Sozialwissenschaften | GWV Fachverlage GmbH, Wiesbaden 2007

Lektorat: Frank Engelhardt

Der VS Verlag für Sozialwissenschaften ist ein Unternehmen von Springer Science+Business Media.
www.vs-verlag.de

Das Werk einschließlich aller seiner Teile ist urheberrechtlich geschützt. Jede Verwertung außerhalb der engen Grenzen des Urheberrechtsgesetzes ist ohne Zustimmung des Verlags unzulässig und strafbar. Das gilt insbesondere für Vervielfältigungen, Übersetzungen, Mikroverfilmungen und die Einspeicherung und Verarbeitung in elektronischen Systemen.

Die Wiedergabe von Gebrauchsnamen, Handelsnamen, Warenbezeichnungen usw. in diesem Werk berechtigt auch ohne besondere Kennzeichnung nicht zu der Annahme, dass solche Namen im Sinne der Warenzeichen- und Markenschutz-Gesetzgebung als frei zu betrachten wären und daher von jedermann benutzt werden dürften.

Umschlaggestaltung: KünkelLopka Medienentwicklung, Heidelberg
Druck und buchbinderische Verarbeitung: Krips b.v., Meppel
Gedruckt auf säurefreiem und chlorfrei gebleichtem Papier
Printed in the Netherlands

ISBN 978-3-531-15366-7

Inhalt

Vorwort **7**

1. Warum eine qualitative Evaluation? **11**

2. Qualitative Evaluation in sieben Schritten **15**
Schritt 1: Evaluationsgegenstand und Evaluationsziele festlegen 16
Schritt 2: Interviewleitfaden und Kurzfragebogen entwickeln 20
Schritt 3: Interviews durchführen, aufnehmen und transkribieren 24
Schritt 4: Daten erkunden, fallweise darstellen 33
Schritt 5: Das Kategoriensystem erstellen und die Interviews codieren 36
Schritt 6: Kategorienbasiert auswerten und Evaluationsbericht erstellen 43
Schritt 7: Fazit erarbeiten, Ergebnisse rückmelden, Bericht abschließen 50

3. Reflexion der qualitativen Vorgehensweise **59**
3.1 Die Ergebnisse der standardisierten quantitativen Evaluation 59
3.2 Der Mehrwert der qualitativen Evaluation 66
3.3 Potenzielle Anwendungsfelder 73

4. Praktische Details der qualitativen Evaluation **77**
4.1 Das Material: Ein transkribiertes Interview 77
4.2 Die Codierung: Ein codiertes Interview 83
4.3 Das Ergebnis: Kategorienbasierte Auswertung als Herzstück der qualitativen Evaluation 88

5. Ressourcen zum Thema Evaluation **105**
Ausgewählte Literatur 105
Ausgewählte Internet-Seiten 107

6. Arbeitshilfen für die praktische Umsetzung **109**
6.1 Zeitübersicht 109
6.2 Checkliste „Qualitative Evaluation in sieben Schritten“ 111

Literatur **117**

Vorwort

Die Idee zu dieser Studie entstand im Oktober 2005 anlässlich der Jahrestagung der Deutschen Gesellschaft für Evaluation (DeGEval). Wolfgang Beywl regte dort gegenüber Thorsten Dresing, einem der Autoren der hier vorliegenden Studie an, man solle doch einmal versuchen, möglichst praxisnah zu beschreiben, wie man unter Einsatz digitaler Transkriptionsverfahren und der Methode der computergestützten qualitativen Datenanalyse in vertretbarer Zeit eine qualitative Evaluation durchführen könne. Man einigte sich darauf, dass eine Schritt-für-Schritt-Beschreibung der Vorgehensweise bei einem maximalen Zeitumfang von 100 Stunden das wäre, was man benötige. So ließen sich vielleicht die bei vielen Kolleginnen und Kollegen vorhandenen Schwellenängste gegenüber qualitativen Methoden in der Evaluation überwinden. Schließlich würden viele nicht zuletzt deshalb vor qualitativen Evaluationen zurückschrecken, weil sie einen großen Zeitaufwand vermuten und die einzelnen Schritte bei qualitativen Verfahren nicht so recht klar seien. Die Vorurteile „ausufernde Interpretationen“ einerseits und „immense Zeitbudgets“ andererseits erscheinen nicht unberechtigt, denn in der Tat sind viele der gängigen qualitativen Vorgehensweisen mit hohem Zeitaufwand verbunden (vgl. Flick 2006: 21) und im Rahmen von Evaluationen mit ihrem normalerweise engen Zeitrahmen schwerlich realisierbar. Interessant wäre es nun, möglichst praxisnah zu demonstrieren, dass man auch mit einem abgekürzten Verfahren[1] gute Resultate erzielen kann.

---

1 Um Missverständnisse zu vermeiden, wird hier auf den Begriff „Abkürzungsstrategie“ bewusst verzichtet. Dieser entstammt dem Umfeld der Objektiven Hermeneutik und wurde unseres Wissens von Christian Lüders (2006) in den Evaluationsdiskurs eingebracht und u. a. von Uwe Flick aufgegriffen. Unser Methodenverständnis bewegt sich nicht im Rahmen der Objektiven Hermeneutik, sondern im Rahmen des theoretischen Codierens, wie man es etwa in der Grounded Theory oder auch in der qualitativen Inhaltsanalyse wiederfindet.

Die Idee zu einem solchen „Demonstrationsvorhaben" hat in unserer Arbeitsgruppe an der Philipps-Universität Marburg sofort großes Interesse hervorgerufen und wir nahmen uns vor, diese Projektidee möglichst bald zu realisieren. Im Bereich von Bildung und Erziehung, in dem wir tätig sind, haben wir daraufhin nach einem geeigneten Evaluationsgegenstand gesucht. Dabei sollte es sich möglichst nicht um ein „exotisches" Feld handeln, sondern um eines, das vielen Kolleginnen und Kollegen vertraut ist und sich deshalb auch gut als Demonstrationsbeispiel eignet. Wir entschieden uns für die Evaluation universitärer Lehre, ein Bereich, in dem schon seit etwa zehn Jahren Evaluationen stattfinden und von dem angenommen werden kann, dass viele Rezipientinnen und Rezipienten unserer Studie in der ein oder anderen Weise eigene Erfahrungen mit Evaluationsverfahren gemacht haben.[2] Lehrevaluation findet geradezu massenhaft statt: Tausende Lehrveranstaltungen, Dozenten und Studierende sind in jedem Semester davon betroffen. Insofern erschienen uns – zumindest theoretisch – die Bedingungen für die Übertragbarkeit unseres Vorgehens auf andere Orte und Situationen günstig zu sein.

Schon Anfang 2006 haben wir dann die Idee in die Tat umgesetzt. Wir haben uns von vornherein ein zeitliches Limit gesetzt, nämlich 100 Stunden, die insgesamt für die Evaluation „verausgabt" werden sollten. Die knappen zeitlichen Ressourcen sollten allerdings nicht zu Lasten der Qualität gehen, jeder einzelne Schritt des Projektes sollte sorgfältig dokumentiert werden – auch und gerade hinsichtlich der benötigten Zeit. Als Arbeitstitel hatten wir gleich zu Beginn „Quick and Clean in 100 Stunden" gewählt, worin zum Ausdruck kam, dass wir den Anspruch hatten, trotz der gebotenen Schnelligkeit methodische Strenge an den Tag zu legen. Für alle Projektmitarbeiter stellte diese Studie auch ein Experiment dar, denn wir wussten am Anfang ja tatsächlich nicht, ob das Vorhaben innerhalb dieses engen Zeitrahmens auch realisierbar wäre.

Hier liegt nun das Ergebnis als Buch vor Ihnen. Wir selbst sind durchaus überrascht, wie viel wir mit dieser kleinen qualitativen Studie herausbekommen haben. Aus unserer Sicht hat sich die Arbeit gelohnt und wir glauben, ruhigen Gewissens auch anderen Kolleginnen und Kollegen durchaus zu qualitativen Evaluationsstudien raten zu können. Unser Text

---

2 Auch ein Blick in die letzten Jahrgänge der Zeitschrift für Evaluation zeigt, dass kaum ein Feld so häufig in Artikeln abgehandelt wird wie das der Hochschulevaluation.

richtet sich primär an Personen, die selbst qualitative Evaluation betreiben wollen und eine detaillierte Anleitung für die praktische Umsetzung suchen. Die mit diesem Bericht verbundene Absicht zielt also in erster Linie auf die Methoden der Evaluation und nicht auf den Gegenstandsbereich „Evaluation von Hochschullehre"[3], wenngleich unsere Studie auch hierzu interessante Aspekte enthält.

An dieser Studie haben neben den vier Autoren Thorsten Dresing, Udo Kuckartz, Stefan Rädiker und Claus Stefer auch Lena Lehmann, Thomas Ebert und Stefanie Zanetti als studentische Hilfskräfte mitgearbeitet. Für ihr großes Engagement möchten wir uns hiermit herzlich bedanken. Dem eingangs bereits erwähnten Wolfgang Beywl danken wir nicht nur für die Geburtshilfe bei der Idee zu diesem Vorhaben, sondern auch für seine sehr hilfreichen Anregungen und die ausführlichen Rückmeldungen zu den ersten Entwürfen des Textes. Sabine Lauber, Katia Tödt, Heiko Grunenberg, Patrick Holland-Moritz, Udo Kelle und Helmut Kromrey danken wir für ihre kritische und konstruktive Lektüre des Manuskripts.

Die Daten der Evaluation stellen wir Interessierten – selbstverständlich anonymisiert – für Sekundäranalysen oder auch einfach nur zum Nachvollziehen der vorgetragenen Ergebnisse gerne zur Verfügung.

---

3 In diesem Kontext verweisen wir auf Kromrey (2001).

1. Warum eine qualitative Evaluation?

Ausgangspunkt für diese Studie war, wie oben beschrieben, die Idee, ein Demonstrationsvorhaben auszuführen, das im Zeitrahmen von 100 Sunden einen Mehrwert über die üblichen quantitativen Evaluationen hinaus erwirtschaftet. Mit dem Begriff „Mehrwert" war zunächst nur eine unbestimmte Erwartung verknüpft. Qualitativen Methoden schreibt man üblicherweise eine größere Offenheit und eine Berücksichtigung der Perspektive der Beteiligten zu. So war es also nur natürlich, auf einen Zugewinn gegenüber der standardisierten Evaluation zu hoffen. Wie genau dieser allerdings aussehen würde, darüber waren zu Beginn des Projektes nur Mutmaßungen möglich, die Ergebnisse der Studie sollten es möglich machen, hierzu Präziseres zu äußern. Als Evaluationsobjekt haben wir die vierstündige Lehrveranstaltung „Einführung in die sozialwissenschaftliche Statistik" ausgewählt, eine Pflichtveranstaltung im Marburger Diplomstudiengang Pädagogik mit annähernd 200 Teilnehmerinnen und Teilnehmern.

Seit vielen Jahren finden an bundesdeutschen Universitäten Evaluationen von Lehrveranstaltungen statt. Nicht anders verhält es sich an der Philipps-Universität Marburg, wo unter Federführung des Instituts für Psychologie ein standardisiertes Verfahren etabliert wurde, bei dem die Studierenden am Semesterende einen zweiseitigen Fragebogen ausfüllen, in dem zu vorgegebenen Statements auf einer vier- oder fünfstufigen Skala Zustimmung oder Ablehnung geäußert werden kann. Die Statements lauten etwa „Der/Die Dozent/in gestaltet die Vorlesung interessant" oder „Der/Die Dozent/in fördert mein Interesse am Themengebiet". Die Auswertung der Fragebögen geschieht in einer ebenfalls standardisierten Art und Weise: Als Feedback erhält der Dozent einen mehrseitigen Ausdruck, der die Verteilung und die Mittelwerte der einzelnen Items enthält. Gleichzeitig wird er mit Vergleichsdaten versorgt, kann seine Mittelwerte mit denen des gesamten Fachbereichs oder gar der gesamten Uni vergleichen. Die Antworten auf die offenen Fragen erhält der Dozent als Rohdaten, das heißt in Form von abgeschnittenen Fragebogenschnipseln, so dass er ggf. diese Antworten nochmal durchlesen kann, sofern er sich denn für diese „qualitativen Daten" interessiert. Schon diese Rücklieferung in Form nicht bearbeiteter, bloß ausgeschnittener Papierabschnitte zeigt, dass die Bearbeitung qualitativer Daten erheblich aufwändiger ist als diejenige von standardisierten Daten, jedenfalls so aufwändig, dass sie nicht als Service erstellt wird, sondern vom Dozenten selbst vorgenommen werden müsste. Er wird dies normalerweise nur kursorisch tun, denn der Aufwand ist enorm: Die nicht immer gut leserlichen Antworten müssen zunächst transkribiert, ein Kategoriensystem entwickelt und die Antworten codiert werden, d. h. den einzelnen Kategorien zugeordnet werden.

Die quantitativen Daten inklusive der Analyse werden hingegen mehr oder weniger vollautomatisch bearbeitet: Die Fragebögen werden eingescannt, automatisch in eine Datei transferiert, die Mittelwerte von einem Statistikprogramm erstellt und die Vergleiche zu den Resultaten von anderen Lehrveranstaltungen des Fachbereichs und der Gesamtuniversität automatisch generiert. Es lassen sich sogar automatisch entsprechende statistische Tests, z. B. T-Tests oder Varianzanalysen berechnen und signifikante Abweichungen im Text etwa durch Fettdruck, Sternchen o. Ä. hervorheben. Am Ende bleiben allerdings viele Fragen offen, etwa ob denn ein Seminar mit besserem Mittelwert das bessere Seminar ist. Ob man eine Vorlesung „Recht der internationalen Organisationen" eigentlich mit „Einführung in die Filmanalyse" vergleichen kann oder was es eigentlich zu bedeuten hat, wenn einer Vorlesung, die dem exakt gleichen Veranstaltungsplan folgt, in zwei aufeinander folgenden Jahren ein signifikant unterschiedlicher Strukturierungsgrad bescheinigt wird.

Das Unterfangen, neben der standardisierten quantitativen Evaluation auch einmal qualitative Methoden einzusetzen, ist vor allem als Versuch zu verstehen, solche Ungereimtheiten zu klären und die offenen Fragen zu beantworten. Was kann eine andere Vorgehensweise für neue, bessere Perspektiven hervorbringen? Wir erhofften uns, über die bloßen Antwortverteilungen und Mittelwerte hinaus ein *besseres Verständnis für die Antworten in ihrem jeweiligen Kontext*. Das bedeutet, den Studierenden nicht in der Rolle des Preisrichters beim Eiskunstlauf zu sehen, der seine 5,6 oder 5,8 als Bewertungsnote aus seinem Köfferchen zieht, sondern seine Motivation zu erfragen, etwas über den Lern- und Arbeitsstil, die persönlichen Ambitionen und Aspirationen in Erfahrung zu bringen. Das bedeutet auch, dass es nicht um eine klassische *Bewertung* geht, sondern um die Verbesserung der evaluierten Prozesse, also in diesem Fall um eine Verbesserung der Lehrveranstaltung und eine Optimierung des Lernerfolgs der Studierenden.

Unser primäres Ziel war also herauszufinden, ob eine qualitative Evaluation auch unter stark restriktiven Bedingungen (100 Stunden) relevante Ergebnisse erbringen kann. Es ging uns dabei jedoch nicht darum, ein neues Evaluationsdesign oder gar (qualitatives) Paradigma zu entwickeln. Unser Hauptaugenmerk lag vielmehr auf der Praxis, für die wir eine Anleitung für den effizienten und effektiven Einsatz qualitativer Methoden erarbeiten wollten. Deshalb erschien es uns auch wenig sinnvoll, unsere methodischen Vorschläge einem bestimmten Evaluationsmodell zuzuordnen, da qualitative Methoden unabhängig von einem Modell Anwendung finden.[4]

Wenn man, Flick (2006: 18) folgend, qualitative Evaluationsforschung als Anwendung qualitativer Methoden in einem Evaluationsprojekt versteht, dann versteht sich bei Kenntnis der Vielfalt qualitativer Methoden von selbst, dass qualitative Evaluationsforschung diese immense Vielfalt notwendigerweise „geerbt" hat. Für Autoren eines Buchs über qualitative Evaluationsforschung ergibt sich daraus die Verpflichtung offenzulegen, wo sie sich im Spektrum qualitativer Methoden bewegen. Das Methodenverständnis der Autoren dieses Buches lässt sich als ein pragmatisches kennzeichnen, das sich bspw. in den von Mayring dargestellten Säulen des qualitativen Denkens, den von Flick herausgearbeiteten Charakteristika der qualitativen Forschung und dem pragmatischen Ansatz von Kelle wieder findet. Nach unserem Verständnis ist es die Forschungsfrage, der die zentrale Bedeutung im Forschungsprozess zukommt. Die zur Beantwortung der Forschungsfrage eingesetzten Methoden haben sich als *gegenstandsangemessen* zu legitimieren. Eine prinzipielle Gegenüberstellung von qualitativen und quantitativen Methoden ist deshalb „sachlich" unangebracht. Kelle hat überzeugend argumentiert, dass die Erklären-Verstehen-Kontroverse dann, wenn man sich eine handlungstheoretische Perspektive zu eigen macht, erheblich an Schärfe verliert, da Handlungsregeln keine universellen Gesetzmäßigkeiten darstellen, sondern zeitlichen und örtlichen Beschränkungen unterliegen. Handlungsbedingungen, Handlungsziele und Handlungsregeln können zwischen verschiedenen Handlungskontexten erheblich variieren und zudem von kompetenten Akteuren in gewissen Grenzen modifiziert

4 Eine Übersicht über die Verwendung qualitativer Methoden in unterschiedlichen Evaluationsmodellen findet sich in Beywl (2006).

werden. Man muss also jeweils damit rechnen, dass unbekannte, nicht antizipierte Wirkungen und Nebenwirkungen auftreten. Die vollständige Erfassung komplexer Wirkungsgefüge mit ausschließlich standardisierten Instrumentarien, d. h. die Erfassung aller wirksamen unabhängigen Variablen, ist nicht möglich. Es bedarf jeweils auch qualitativer Verfahren, um solche im Vorwissen und bei der Konzeption von Evaluationen nicht präsenten Sachverhalte überhaupt entdecken zu können (vgl. Kelle 2006: 120 ff.). Tatsächlich wird ja auch und gerade in der Evaluationsforschung häufig und gerne mit einem Methodenmix („Mixed-Methodology-Forschung") gearbeitet. Die qualitative Methodik, die in den folgenden Kapiteln beschrieben wird, ist vorrangig an Systematisierung und der Entdeckung von sozialen Regelhaftigkeiten interessiert. Sie ist eher an Techniken des theoretischen Codierens orientiert und weniger an textexegetischen oder sequenzanalytischen Verfahren. Es ist diese, in ihrer – ebenfalls vielfältigen – Tradition auf Max Weber, Paul F. Lazarsfeld, Kurt Lewin, Christel Hopf und viele andere zurückgehende Variante von qualitativen Methoden, deren Ertrag in Evaluationsprojekten durch dieses Demonstrationsvorhaben unter Beweis gestellt werden soll.

2. Qualitative Evaluation in sieben Schritten

In diesem Kapitel haben wir – der Chronologie des Evaluationsprojektes folgend – möglichst detailliert die einzelnen Schritte der qualitativen Evaluation beschrieben. Einige Rahmenbedingungen lagen von vornherein fest, u. a.

- der Gegenstand der Evaluation, nämlich die Lehrveranstaltung „Einführung in die sozialwissenschaftliche Statistik",
- das Forscherteam bestehend aus vier Wissenschaftlern und
- das zur Verfügung stehende Quantum an Zeit, nämlich 100 Stunden Gesamtarbeitszeit (berechnet als Summe aller Arbeitsstunden der Mitglieder des Teams)[5].

Die folgende Darstellung der sieben Schritte der Evaluationsstudie verfolgt zwei Zielrichtungen. Zum einen soll eine möglichst gut nachvollziehbare Schilderung unserer Vorgehensweise erfolgen, zum anderen sollen auch ausgewählte Ergebnisse der Evaluation selbst vorgestellt werden. Auf diese Weise lässt sich der Gewinn qualitativer Evaluation sozusagen am „lebenden Objekt" studieren.

Im letzten Kapitel 6 dieses Buches findet sich eine Zeitübersicht über alle Schritte sowie eine Checkliste zur Umsetzung der sieben Schritte in die Praxis (S. 109).

5 Die veranschlagten 100 Stunden beinhalten nur die für die Evaluation selbst zur Verfügung stehende Zeit. Dass man mit der hier zum Einsatz kommenden Software MS-Word, MAXQDA und SPSS vertraut ist, wird vorausgesetzt.

Schritt 1: Evaluationsgegenstand und Evaluationsziele festlegen

Der erste Schritt jeder Evaluation besteht in der Festlegung des Evaluationsgegenstandes und der Evaluationsziele.

Evaluationsgegenstand

Gegenstand ist die Lehrveranstaltung „Einführung in die sozialwissenschaftliche Statistik“, die innerhalb des Grundstudiums des erziehungswissenschaftlichen Diplomstudiengangs von allen Studierenden besucht werden muss. In der Regel geschieht dies im ersten Semester. Die einsemestrige Veranstaltung ist vierstündig und besteht aus drei Komponenten:

- einer zweistündigen Vorlesung, die immer am Montag stattfindet und die Studierenden erstmals mit dem jeweiligen Thema bekannt macht
- einer zweistündigen Übung, die vornehmlich dazu dient, den Stoff der Montagsvorlesung in Form von Übungen erneut durchzuarbeiten, und zwar überwiegend so, dass die statistischen Verfahren von jedem Einzelnen praktisch angewendet werden
- einem Tutoriumsangebot, bestehend aus drei inhaltlichen Parallelveranstaltungen (am Mittwoch und Donnerstag stattfindend), das vor allem solchen Studierenden Hilfestellung geben soll, die Schwierigkeiten mit dem Stoff haben und einer weiteren Übung mit persönlicher Beratung bedürfen. Aufgrund der ungenügenden finanziellen Ausstattung der Lehrveranstaltung kann das Tutorium nicht „flächendeckend“ angeboten werden: Während die Teilnehmerzahl der Gesamtveranstaltung bei durchschnittlich etwa 200 Studierenden liegt, können durch die drei Tutorien nur 90 Personen (dreimal 30) versorgt werden.

Am Semesterende findet eine Prüfung in Form einer Einzelklausur statt. Um eine Bescheinigung über die erfolgreiche Teilnahme zu erhalten, müssen die Studierenden die Klausur bestehen und zudem an einer Arbeitsgruppe (in der Regel acht Personen) mitarbeiten, in der am Beispiel eines kleinen Forschungsprojektes das Wissen über statistische Verfahren angewendet wird. Jede Gruppe erstellt hierzu einen abschließenden Forschungsbericht, der einer vorgegebenen Struktur folgt. Die Inhalte der Lehrveranstaltung erstrecken sich auf die Deskriptivstatistik und Basisverfahren der Inferenzstatistik, wobei das Statistik-Lehrbuch von Jürgen Bortz (2005) als Grundlagentext dient. Die innerhalb der Vorlesung eingesetzten Folien werden den Teilnehmerinnen und Teilnehmern zu Beginn des Semesters als Reader zur Verfügung gestellt.

Ziel der Statistikveranstaltung ist, dass die Studierenden ein Grundwissen über Verfahren der sozialwissenschaftlichen Statistik und dessen Anwendung im Rahmen der Forschung über Bildung und Erziehung erwerben. Dabei ist der Umfang von vier Semesterwochenstunden (SWS) im Rahmen des 80 SWS umfassenden Grundstudiums gering und wird allgemein als unzureichend empfunden, was dazu geführt hat, dass das Institut für Erziehungswissenschaft in Marburg den empirischen Forschungsmethoden im zukünftigen BA-Studiengang einen größeren Umfang einräumt.

Evaluationsziele

Für die Qualität eines Studiengangs oder einer einzelnen Lehrveranstaltung lassen sich nicht ISO-Normen definieren wie für Öltanks oder Rigipsplatten. Im Fall der Lehrveranstaltung „Einführung in die sozialwissenschaftlichen Statistik" wird man sich – anders als bei anderen Themen eines Pädagogikstudiums – noch relativ schnell einig werden, welche Inhalte in einer solchen Veranstaltung unverzichtbar sind. Für die Qualität einer solchen Veranstaltung sind letzten Endes drei Aspekte maßgebend:

- Erstens die Inhalte, d. h. ob ein bestimmtes, allgemein als Grundwissen anerkanntes Wissen in der Lehrveranstaltung behandelt wird.
- Zweitens die Didaktik, d. h. ob es gelingt, durch die Art der Organisation der Veranstaltung und die eingesetzten Mittel (z. B. Übungen, Tutorien, Reader) das Wissen zu vermitteln.
- Drittens der messbare Lernerfolg, d. h. wie viele Personen Fachwissen in welchem Umfang erworben haben. Hier wäre allerdings noch in Rechnung zu stellen, inwieweit es sich um „träges Wissen" oder anwendbares Wissen handelt.

Die an den deutschen Universitäten mittlerweile üblichen Formen der Evaluation von Hochschullehre haben diese drei Aspekte nur selten im Fokus. Im Mittelpunkt stehen stattdessen eher weiche Kriterien wie die Zufriedenheit der Lernenden, das geweckte Interesse an den Inhalten, das persönliche Verhalten des Dozenten oder ob die Veranstaltung nach subjektivem Urteil einen guten Überblick über das Themengebiet gibt. Vor allem der Lernerfolg ist durch eine Befragung der Lernenden nur schwer valide zu ermitteln. Dies gilt fast unterschiedslos für qualitative wie für quantitative Befragungsmethoden, es sei denn, sie nähmen Prüfungscharakter an. Für die Zielformulierung unserer qualitativen Evaluation bedeutet dies, dass auch sie sich vornehmlich auf diesen eher weichen Bereich bezieht, also keine Umorientierung hinsichtlich der generellen Ausrichtung der Lehrevaluation vornimmt. Den Bezugspunkt stellt die uniweite standardisierte Evaluation dar. Über die dort erzielten Resultate hinaus soll die qualitative Evaluation zusätzliche Erkenntnisse erbringen. Nach Diskussion in unserer Arbeitsgruppe haben wir folgende Evaluationsziele festgelegt, die sich unter drei Hauptziele subsummieren lassen.

Ziel 1: Beantwortung konkreter Fragen, die sich auf die evaluierte Lehrveranstaltung und das individuelle Lernverhalten der Studierenden beziehen.

1. Wie sind die Eingangsvoraussetzungen der Studierenden zu Beginn der Veranstaltung?
2. Welche Verlaufsformen der Teilnahme an Vorlesung, Übung und Tutorium sind feststellbar?
3. Welchen Lernaufwand betreiben die Studierenden? Lesen sie den Grundlagentext und/oder den Veranstaltungsreader?
4. Welche Arbeitsformen (z. B. selbst organisierte Arbeitsgruppen) sind bei den Studierenden feststellbar?
5. In welcher Beziehung stehen die Arbeitsformen zu den Eingangsvoraussetzungen?
6. Wie zuversichtlich sind die Studierenden, die Klausur zu bestehen? Wie ehrgeizig sind sie in Bezug auf das Erreichen einer guten Note?
7. Wie beurteilen die Studierenden Vorlesung, Übung und Tutorium?
8. Welche Verbesserungswünsche und Anregungen haben die Studierenden für die Veranstaltungen?

Ziel 2: Optimierung der Lehrveranstaltung für zukünftige Semester

Zweites Ziel ist die Steigerung der Qualität der Veranstaltung, und zwar dadurch, dass das Feedback und die Kritik der Studierenden gesammelt, systematisiert und gebündelt werden und dann auf ihre Realisierbarkeit hin untersucht werden. Das zweite Ziel schließt sich damit direkt an das erste Ziel an, denn gerade die Antworten auf die gestellten Fragen ermöglichen es, das Konzept der Veranstaltung optimal auf die Lernbedürfnisse der Teilnehmenden abzustimmen.

Ziel 3: Mehrwert der qualitativen Evaluation bestimmen

Als drittes verfolgt die Evaluation das Ziel, die Vorteile einer qualitativen Evaluation zu ermitteln und Erkenntnisse darüber zu gewinnen, wo – konkret auf die evaluierte Lehrveranstaltung „Einführung in die sozialwissenschaftliche Statistik" bezogen – durch eine qualitative Evaluation ein Mehrwert erzielt werden kann. Dieses dritte Evaluationsziel geht also über die klassische Zieldefinition von Evaluation hinaus und ist der Methodenforschung zuzuordnen. Durch sie erhält unsere Studie ihren Doppelcharakter, der bei Evaluationen in der Praxis meist nicht anzutreffen ist.

Üblicherweise werden je nach Zeitpunkt der Durchführung zwei Typen der Evaluation unterschieden. Eine Evaluation, die prozessbegleitend eingesetzt wird und direkten Einfluss auf den Prozessverlauf hat, wird als *formativ* bezeichnet. Primäres Ziel formativer Evaluation ist in der Regel die unmittelbare Verbesserung eines laufenden Projektes. *Summative* Evaluation hingegen findet erst zum Ende oder nach Abschluss einer Maßnahme statt. Ziel ist insbesondere, die Wirksamkeit von Maßnahmen und Prozessen zu überprüfen.

Unsere Evaluation der Statistikveranstaltung weist sowohl summative wie formative Elemente auf. Summativ ist die Evaluation bezüglich der konkreten untersuchten Lehrveranstaltung vom Wintersemester 2005/06. Begreift man die Statistik-Lehrveranstaltung hingegen als „Programm", das jedes Jahr erneut realisiert wird und als Programm optimiert werden soll, so handelt es sich um eine formative Evaluation: Die Ergebnisse sollen in den Prozess zurück gekoppelt, die Veranstaltung soll verbessert und interessanter gestaltet werden, sie soll die Lernstile der Studierenden berücksichtigen, die Aufmerksamkeit und das inhaltliche Interesse der Studierenden steigern.

Vertiefende Literatur zu Schritt 1:

Balzer, Lars (2005): Wie werden Evaluationsprojekte erfolgreich? Landau: Verlag Empirische Pädadogik, S. 176-206 (Kap. 6: Evaluationsgrundlagen).

Schritt 2: Interviewleitfaden und Kurzfragebogen entwickeln

In unserer Arbeitsgruppe standen wir vor der Aufgabe, einen für die Evaluation der Statistikvorlesung angemessenen Fragenkatalog zu entwickeln. Im Gegensatz zu einer quantitativ ausgerichteten Befragung, die mit Hilfe eines Fragebogens standardisiert durchgeführt werden kann, geht es in einem qualitativ ausgerichteten Erhebungsverfahren darum, Informationen zu gewinnen, die durch offene Fragen erhoben werden. Beispielsweise ist es leicht, mittels eines standardisierten Fragebogens zu erfahren, wie am nächsten Sonntag gewählt würde, aber umso schwieriger, warum jemand diese oder jene Partei wählt und was er damit verbindet. Auch in unserem Evaluationsprojekt gibt es Informationen, die sich standardisiert erheben lassen, wie z. B. die soziodemographischen Daten oder die Mathematiknote. Darüber hinaus gibt es aber auch Fragen, wie bspw. zu den Varianten der Klausurvorbereitung, die wir offen erheben wollten.

In unserer Arbeitsgruppe haben wir daher die für uns relevanten Fragen und Themenkomplexe zunächst in einem Brainstorming gesammelt. Dabei wurden die Ziele der Evaluation, z. B. die Veranstaltung zu bewerten und zu verbessern (vgl. Schritt 1), fokussiert. Aus diesem Bündel ließen sich Themen mit den jeweils zugehörigen Unterfragen bilden. Fragen, die sich eher standardisieren ließen, wurden in einen Kurzfragebogen (vgl. Abb. 2) eingefügt, die anderen zu einem Interviewleitfaden gefasst (vgl. Abb. 1).

Schließlich haben wir den Leitfaden und die Fragen in einer konkreten Interviewsituation getestet. Das Probeinterview half uns dabei, die mögliche Zeitdauer der Interviews besser abzuschätzen und kleine Änderungen und Ergänzungen vorzunehmen. So konnten wir zudem Hinweise und Präzisierungen zu bestimmten Fragen notieren, die bei möglichen Missverständnissen im Gesprächsverlauf vom Interviewer zusätzlich gegeben werden können.

Der Interviewleitfaden, den wir für unser Projekt entwickelt und verwendet haben, gliedert sich in vier Abschnitte, welche die zentralen Bereiche des Erkenntnisinteresses widerspiegeln. Im ersten wurde nach dem Verlauf einer typischen Statistikwoche gefragt, also nach der Teilnahme an den verschiedenen Bestandteilen der Veranstaltung. Dazu gehörten auch Fragen nach zusätzlichen Lernformen. In einem zweiten Abschnitt ging es um die persönlichen Gefühle und Einstellungen gegenüber der sozialwissenschaftlichen Statistik. Unser Interesse lag hierbei darauf, ob und wie sich diese im Verlauf des Semesters verändern. Der dritte Teil des Leitfadens bezog sich auf die subjektiven Bewertungen der Veranstaltungsteile und konkrete Verbesserungsvorschläge. Im letzten Teil des Leitfadens rückte die bevorstehende Klausur in den Mittelpunkt und hier vor allem, wie sich die Befragten darauf vorbereiten und welche Note sie erwarten.

Frage	Präzisierungshinweise
Bitte beschreiben Sie, wie eine typische Statistikwoche bei Ihnen aussieht. Was besuchen Sie dafür? Was lesen Sie dafür? Wen treffen Sie dafür?	z. B. Vorlesung, Übung, Tutorium, Arbeitsgruppen
Wie fühlen Sie sich dabei? Hat sich das im Laufe des Semesters verändert und wenn ja, wie?	Positive oder negative Einstellung gegenüber Statistik, Angst vor dem Thema, zu viel Stoff
Wie beurteilen Sie rückwirkend die Veranstaltungen? Welche Verbesserungswünsche oder Anregungen haben Sie?	Alle Veranstaltungen abfragen: Vorlesung, Übung und das Tutorium. Bitte nur umsetzbare und realisierbare Wünsche.
Beschreiben Sie bitte, wie Sie sich auf die Klausur vorbereitet haben. Welche Note erwarten Sie in der Klausur?	Mit der Gruppe oder alleine, Probeklausur, Literatur, Geschwister usw.

Abb. 1: Interviewleitfaden

Ein Interviewleitfaden, an dem sich der Interviewer während der Befragung orientiert, hilft dabei, den Gesprächsverlauf zu strukturieren. So wird vermieden, dass bestimmte für die Evaluation wichtige Themen nicht abgefragt werden oder die Befragung zu sehr vom Thema abkommt. Ein Interviewleitfaden enthält Fragen, die für das Forschungsvorhaben relevant sind. Die Interviewfragen sind dabei eher so formuliert, dass sie die befragten Personen nicht einfach mit „ja“ oder „nein“ beantworten können. Eine

Frage „Gehen sie gerne in die Veranstaltung?“ wäre also eine ungünstig formulierte Fragestellung. Sie würde eher in einen standardisierten Kurzfragebogen passen. Dagegen wäre die Aufforderung „Beschreiben Sie bitte, wie Sie sich beim Besuch der Veranstaltung fühlen“ besser geeignet.

Zusätzlich zum Interviewleitfaden entwickelten wir einen standardisierten Kurzfragebogen:

Kurzfragebogen

„Guten Tag. Wir führen diese Evaluation durch, um zu erfahren, wie die Statistikveranstaltung von den StudentInnen bewertet wird. Unser Ziel ist es, durch die Angaben, die Sie machen, die Veranstaltung zu verbessern. Die gesamte Evaluation ist anonym, d. h. es werden keine Namen festgehalten und keine persönlichen Informationen aus dem Interview weitergegeben.“

1. Bitte geben Sie Ihren Studiengang und Ihr Fachsemester an: ______________

2. In welchem Jahr sind Sie geboren? 19 _______

3. Bitte geben Sie Ihr Geschlecht an: ☐ männlich ☐ weiblich

4. Wie regelmäßig haben Sie die einzelnen Teile der Statistikveranstaltung besucht?

	immer	sehr häufig	mindestens in jeder zweiten Woche	selten	nie
Vorlesungen montags					
Übung dienstags					
Tutorium					

5. Hat sich Ihr Teilnahmeverhalten seit Beginn des Semesters verändert? ☐ nein ☐ ja
Wenn ja, wie?

	nehme häufiger teil	gleich geblieben	nehme seltener teil
Vorlesungen montags			
Übung dienstags			
Tutorium			

6. Welche Note hatten Sie in Mathematik im Abitur? ______________

7. Allgemeine Zufriedenheit mit der Veranstaltung „Einführung in die sozialwissenschaftliche Statistik“

Bewertung mit Schulnoten: ______________

8. Wie bewerten Sie insgesamt das Lehrangebot im Grundstudium Dipl.-Päd. (ohne Statistikveranstaltung)?
Bewertung mit Schulnoten: ______________

Abb. 2: Kurzfragebogen

Dies ist insofern sinnvoll, als dass sich beispielsweise soziodemographische Daten schneller und einfacher per Fragebogen erheben lassen. Zudem konnten hier auch Fragen aufgenommen werden, die ansonsten die Länge der Interviews zu sehr ausgedehnt hätten. Der Kurzfragebogen lieferte in unserem Beispiel daher weitere evaluationsrelevante Hintergrundinformationen, wie bspw. die letzte Mathematiknote oder die Einschätzung der Veranstaltung auf einer Notenskala. Mit diesen Werten konnte zudem die Stichprobenziehung der Interviewpersonen mit der Grundgesamtheit der Veranstaltung verglichen, die anhand der Lehrevaluation erfasst wurde, und dadurch die Aussagen besser eingeordnet werden. Denn es könnte ja sein, dass man zufällig nur diejenigen interviewt, die von der Veranstaltung sowieso sehr begeistert waren oder umgekehrt. Der Kurzfragebogen wurde vor der Durchführung des Interviews ausgefüllt, diente somit auch einer inhaltlichen Vorbereitung und regte die Befragten zu einer ersten Reflexion zum Thema an.

Vertiefende Literatur zu Schritt 2:

Diekmann, Andreas (2006): Empirische Sozialforschung. Grundlagen, Methoden, Anwendungen. Reinbek bei Hamburg: Rowohlt (Kap. X: Befragung).

Kirchhoff, Sabine; Kuhnt, Sonja; Lipp, Peter; Schlawin, Siegfried (2001): Der Fragebogen. Datenbasis, Konstruktion und Auswertung. Opladen: Leske + Budrich, S. 19-27 (Kap. 3: Fragen stellen ist nicht schwer, Fragebogen konstruieren sehr!)

Witzel, Andreas (1982). Verfahren der qualitativen Sozialforschung. Überblick und Alternativen. Frankfurt/New York: Campus.

Witzel, Andreas (2000). Das problemzentrierte Interview [26 Absätze]. Forum Qualitative Sozialforschung / Forum: Qualitative Social Research [Online Journal], 1(1). Online (17.01.2007): http://www.qualitative-research.net/fqs-texte/1-00/1-00witzel-d.htm

Schritt 3: Interviews durchführen, aufnehmen und transkribieren

Die Durchführung der Interviews war von einer Reihe wesentlicher Fragen begleitet, vor denen jeder qualitativ Forschende steht: Wie viele Personen werden interviewt, wie und wann wählt man diese aus, wer führt die Interviews und wie werden die Interviews adäquat durchgeführt, aufgezeichnet und verschriftlicht?

Anzahl und Auswahl der Interviewpartner

Aus den rund 200 Studierenden der Statistikveranstaltung haben wir 14 Teilnehmende per Zufall ausgewählt, von denen wir zehn interviewt haben. Dies entsprach einer Auswahl von 5%. Wir haben vier zusätzliche Reservepersonen ausgewählt, falls eine Interviewperson kurzfristig absagt. Denkbar wäre auch eine gezielte Auswahl von Probanden im Sinne eines Theoretical Samplings. Die Alternative wäre dabei gewesen, gezielt z. B. „Die Schwätzer der letzten Reihe“ oder „Die aufmerksamen Nachfrager“ auszuwählen. Das Theoretical Sampling benötigt aber deutlich mehr Zeit und Vorüberlegungen, die wir im Rahmen dieses Projektes nicht aufbringen konnten. Die Zufallsauswahl erschien uns als plausible und schnelle Selektion. Die Festlegung auf zehn Interviews ergab sich aus der zur Verfügung stehenden Zeit für die Datenerhebung und Analyse. Die Selektion der 14 Personen wurde mit der Statistik Software SPSS mittels der Funktion „Zufallsstichprobe“ vorgenommen, grundsätzlich sind aber auch andere Verfahren oder Programme denkbar, die eine zufällige Stichprobenziehung ermöglichen. Z. B. bietet die Website www.random.org Zufallszahlen an, mit denen man schnell eine Ziehung vornehmen kann. Auch eine Auswahl nach dem Urnenmodell, per Würfel oder Los ist denkbar.

Zeitpunkt der Befragung und Ansprechen der Zielgruppe

Das Ziel unseres Projektes war die Evaluation der Statistikveranstaltung. Das beschränkte den möglichen Zeitpunkt der Befragung auf die letzten Semesterwochen. In der Mitte des Semesters sind noch keine Aussagen über die gesamte Veranstaltung möglich und nach dem Semesterende sind viele Studierende nicht mehr vor Ort und die Erinnerung an die Veranstaltung schwindet rasch. Die letzten beiden Wochen vor der Abschlussklausur ergaben sich für uns demnach als idealer Zeitpunkt für die Befragung. Die beste Möglichkeit, die Interviewpartner anzusprechen, war in der Statistikveranstaltung selbst, da gerade kurz vor der Klausur alle anwesend waren. Innerhalb der Statistikvorlesung konnten wir so auf die Evaluation aufmerksam machen und die zehn ausgewählten Personen bitten, sich nach der Veranstaltung in einen vorbereiteten Terminkalender mit möglichen Interviewterminen einzutragen.

Wer führt die Interviews durch und wie werden sie durchgeführt?

Es war es uns wichtig, dass die Interviewer vom Befragungsgegenstand und dem Ziel der Befragung wussten, um so ggf. geeignete Nachfragen stellen zu können. Wir entschlossen uns, die Befragung durch vier Projektmitarbeiter/-innen durchführen zu lassen. Die Interviews selbst haben wir in den Büroräumen des Fachbereichs geführt, wobei während des Interviews weitestgehend für eine ungestörte Atmosphäre gesorgt wurde (bspw. einen Zettel an die Tür gehängt und das Telefon ausgeschaltet). Für jedes Interview waren 15 Minuten Interviewzeit inklusive Kurzfragebogen und Vorstellung anvisiert.

Jeder Interviewperson wurde nach einer kurzen Begrüßung geschildert, worum es in der Befragung ging und zu welchem Zweck die Befragung durchgeführt wurde. Zudem wiesen wir darauf hin, dass die Aussagen keinerlei Auswirkung auf die kommende Statistikklausur haben und nur anonym verwendet werden. Ab dem Beginn des Interviews haben wir dann das Gespräch aufgezeichnet, damit später eine adäquate Auswertung der Aussagen möglich war. Zu dieser Aufzeichnung müssen die Befragten vorher um ihr Einverständnis gebeten werden. Wir haben dies in schriftlicher Form festgehalten. Während des Interviews orientierte sich der Interviewer an den vorab festgelegten Fragen, wobei er auf Verständnisfragen natürlich zusätzliche Informationen (z. B. Präzisierungshinweise) geben konnte. Zudem war es darüber hinaus sinnvoll, geeignete Nachfragen zu stellen. Vor allem dann, wenn die interviewte Person einen spannenden Sachverhalt anschnitt, ihn aber nicht weiter ausführte. Unsere Grundhaltung während der Interviews war eine neugierige und offene, bei gleichzeitiger Gesprächsorientierung am Interviewleitfaden.

Aufnahme der Interviews

Um eine genaue und nachvollziehbare Analyse der Interviews zu ermöglichen, ist es nötig, die Interviews aufzuzeichnen und später wörtlich zu transkribieren. Dies ermöglicht zum einen dem Interviewer, sich ganz auf das Gespräch einzulassen, ohne ständig Notizen machen zu müssen und zum anderen wird im Nachhinein für eine unverfälschte Wiedergabe der gesprochenen Inhalte gesorgt. Für die Aufnahme von Interviews wurden in den letzten Jahrzehnten analoge Kassettenrekorder oder MiniDisc-Geräte verwendet. Heutzutage sind allerdings die nahezu gleichwertigen und deutlich günstigeren digitalen Diktiergeräte die bessere Wahl. Sie sind kleiner, ermöglichen einen einfachen Transfer auf den PC und erleichtern somit die Transkription, Archivierung oder Versendung via E-Mail. Interviews haben allerdings im Vergleich zu Diktaten ganz besondere Anforderungen an die Aufnahmeformate. Das bei digitalen Diktiergeräten übliche DSS-Dateiformat eignet sich für Interviews überhaupt nicht, und zwar aufgrund seiner starken Kompression und damit schlechteren Tonqualität bei weiterer Entfernung vom Mikrofon. Auch die einfachen USB-MP3-Player mit integriertem Mikrofon liefern nur sehr schlechte Aufnahmequalitäten und erschweren dadurch den späteren Transkriptionsprozess. In jedem Fall sollte man mit dem gewählten Aufnahmegerät eine kurze Probeaufnahme erzeugen, um sich von der korrekten Funktionsweise zu überzeugen. Während der Interviewaufnahme haben wir das Aufnahmegerät auf eine weiche Unterlage gestellt, damit leichte Vibrationen oder Stöße gegen den Tisch sich nicht zu deutlich auf der Aufnahme niederschlagen und stören. Letztlich musste nur der „Record"-Knopf gedrückt werden und ab diesem Zeitpunkt musste sich um das Gerät nicht mehr gekümmert werden. Lediglich auf einen ausreichenden Batteriestand ist zu achten.

Welche Aufnahmegeräte sind empfehlenswert?

Nach unserer Erfahrung sind die Aufnahmen der Olympus WS- und DS-Serien, welche ein integriertes Stereomikrofon besitzen und acht Stunden kontinuierliche Aufnahme ermöglichen, hochwertig und empfehlenswert. Zudem sind die Geräte klein, leicht, einfach zu bedienen und günstig[6]. Dabei stellt es kein Problem dar, wenn die Personen bis zu fünf Meter um das Gerät herum sitzen.[7] Nach der Aufnahme kann man mittels USB-An-

6 Weitere Informationen dazu und einige Probeaufnahmen der beschriebenen Geräte finden Sie unter: http://www.audiotranskription.de/digi5.htm

7 Für Gruppenaufnahmen mit mehr Personen bietet sich ein zusätzliches externes Stereomikrofon (z. B. Audiotechnica Pro 24) an, um die Aufnahmequalität zu verbessern.

schluss die aufgenommenen Interviews als WMA-Datei auf den PC oder Mac transferieren. Dieser Vorgang dauert nur wenige Sekunden.

Transkriptionsregeln und Transkription

Eine gebräuchliche Definition für Transkription lautet: „Die Verschriftlichung menschlicher Kommunikation, meist auf der Grundlage von Tonband- oder anderen Aufzeichnungen. Je nach Untersuchungszweck kann bzw. muss die Transkription mehr oder weniger umfassend sein" (ILMES Internet-Lexikon 2005).

Transkriptionen im Rahmen von Evaluation sollen wissenschaftlichen Ansprüchen genügen und benötigen daher ein festes Regelsystem. Dieses richtet sich nach den jeweiligen Absichten und den dafür notwendigen Daten. Beispielsweise benötigt man manchmal lediglich den groben Inhalt der Aussagen, und ein anderes Mal sind auch nonverbale Äußerungen interessant. Das Regelsystem ermöglicht eine klare Nachvollziehbarkeit bei der Generierung des schriftlichen Datenmaterials und eine einheitliche Gestaltung, wenn in diesen Prozess mehrere Personen involviert sind. Gerade bei der computergestützten Auswertung sind angemessene Transkriptionsregeln wichtig, um beispielsweise Suchfunktionen und Sprecherunterscheidungen leicht möglich zu machen.

Für das vorliegende Projekt haben wir bewusst einfache und schnell erlernbare Transkriptionsregeln[8] verwendet:

1. Es wird wörtlich transkribiert, also nicht lautsprachlich oder zusammenfassend. Vorhandene Dialekte werden nicht mit transkribiert.
2. Die Sprache und Interpunktion wird leicht geglättet, d. h. an das Schriftdeutsch angenähert. Bspw. wird aus „Er hatte noch so'n Buch genannt" -> „Er hatte noch so ein Buch genannt".
3. Alle Angaben, die einen Rückschluss auf eine befragte Person erlauben, werden anonymisiert.
4. Deutliche, längere Pausen werden durch Auslassungspunkte (...) markiert.
5. Besonders betonte Begriffe werden durch Unterstreichungen gekennzeichnet.

---

8 Weitere Hinweise zu komplexeren Transkriptionsregeln finden sich in Kuckartz (2007: 37 ff.).

6. Zustimmende bzw. bestätigende Lautäußerungen der Interviewer (Mhm, Aha etc.) werden nicht mit transkribiert, sofern sie den Redefluss der befragten Person nicht unterbrechen.
7. Einwürfe der jeweils anderen Person werden in Klammern gesetzt.
8. Lautäußerungen der befragten Person, die die Aussage unterstützen oder verdeutlichen (etwa lachen oder seufzen), werden in Klammern notiert.
9. Die interviewende Person wird durch ein „I", die befragte Person durch ein „B", gefolgt von ihrer Kennnummer, gekennzeichnet (etwa „B4:").
10. Jeder Sprecherwechsel wird durch zweimaliges Drücken der Enter-Taste, also einer Leerzeile zwischen den Sprechern, deutlich gemacht, um die Lesbarkeit zu erhöhen.

Ein Auszug aus einem von uns erzeugten Transkript hat folgendes Erscheinungsbild[9]:

B7: Ich habe, also ich habe so eine Lerngruppe mit meinem Freund. Das heißt, ich erkläre ihm alles zweimal und dann sitzt es bei mir auch. Und dann noch, ja, habe ich mich noch mal mit, mit einem aus meiner Arbeitsgruppe da von Statistikgruppe getroffen.

I: Und wie, wie fühlst du dich dabei? Also, hast du positive oder negative Einstellungen gegenüber der Statistik oder (...)

B7: Ich mag das ganz gerne. Hätte ich am Anfang auch nicht gedacht, aber ich mochte auch Mathe, und deshalb finde ich das ganz okay.

I: Und hat sich das im Laufe des Semesters verändert? (B7: Ja!) Und wenn ja, wie?

Abb. 3: Beispiel für ein Transkript

Für die Transkription der Audiodateien ist eine geeignete Software erforderlich. Programme wie der Windows Mediaplayer, iTunes oder andere eignen sich dazu allerdings nicht. Ihnen fehlen wesentliche Funktionen, die den Prozess des Transkribierens deutlich vereinfachen. Diese sind vor allem: Verlangsamung der Abspielgeschwindigkeit, automatisches kurzes (ca. 1-2 Sekunden) Rückspulintervall bei Betätigen der Stopptaste, Unterstützung für einen Fußschalter und das Einfügen von Zeitmarken und Textbausteinen per Tastenkombination.

9 Zwei vollständige Interview-Transkripte finden sich in Kapitel 4.

Als ideal für diesen Arbeitsschritt haben sich die Programme f4 (PC) oder Express Scribe (Mac) herausgestellt[10]. Im Programm f4 konnten wir die Wiedergabe entweder per Maus, Tastenkombination oder mit einem Fußschalter steuern und direkt in das vorhandene Textfenster schreiben. Nach der Fertigstellung des Transkriptes haben wir dieses als RTF (Rich-TextFormat)-Datei gespeichert, denn für die weitere Auswertungsarbeit der Interviews mit der Analysesoftware MAXQDA müssen die Transkripte jeweils als RTF-Datei vorliegen. Dabei haben wir jedes Interview einzeln mit dem jeweiligen Kennnamen (z. B. B1, B2 usw.) gespeichert.

In jedem Fall muss nach unserer Erfahrung ausreichend Zeit für die Transkription eingeplant werden. Je nach Tippgeschwindigkeit und Verständlichkeit der Aufnahme variiert die Dauer zwischen dem vier- bis achtfachen der eigentlichen Interviewlänge. Für die in diesem Projekt erhobenen zehn Interviews mit einer Gesamtlänge von einer Stunde und 25 Minuten haben wir insgesamt knapp 9 Stunden für die Transkription aufgewendet (entspricht ca. 1:6).

Interview	Länge (Minuten)	Transkription (Minuten)
B1	8:02	50
B2	7:45	60
B3	10:46	62
B4	8:58	60
B5	6:51	48
B6	3:08	28
B7	6:12	39
B8	5:42	39
B9	15:39	80
B10	12:10	70
Gesamt:	1 Stunde 25 Minuten	8 Stunden 55 Minuten

Tab. 1: Transkriptionsdauer der Interviews

10 Beide Programme können kostenlos auf www.audiotranskription.de herunter geladen und durch einen kostenpflichtigen USB-Fußschalter gesteuert werden. Dieser unterstützt, beschleunigt und vereinfacht den Transkriptionsprozess erheblich und spart dabei bis zu 30% Zeit. Mit dem Fußschalter ist ein Transkribieren direkt in MS-Word möglich.

Import der Texte in das Analyseprogramm MAXQDA

Die Analyse der Interviewtexte kann natürlich auch einfach mit Zettel und Stift erfolgen. Allerdings erleichtert eine Textanalysesoftware diesen Auswertungsprozess deutlich und ermöglicht eine einfache Exploration, Codierung und Handhabung gerade größerer Datenmengen. Aufgrund der einfachen Bedienung und Aneignung der Programmfunktionen nutzen wir die Software MAXQDA[11]. Für den weiteren Analyseprozess haben wir die transkribierten Texte zunächst in MAXQDA eingelesen. Im Folgenden wird dieser Vorgang kurz skizziert.

Wie gesagt, haben wir zunächst alle Texte als RTF-Datei abgespeichert. Um sie dann in MAXQDA zu importieren, dürfen die Texte nicht gleichzeitig in Word geöffnet sein. In MAXQDA haben wir zunächst ein neues Projekt erstellt und die Texte per Drag-and-drop importiert. Um zu jedem Text auch die relevanten Kontextinformationen wie Interviewer oder Case Summary (vgl. Schritt 4) festzuhalten, haben wir zu jedem Text ein Memo geschrieben. So hatten wir immer einen sehr leichten und schnellen Zugriff auf die Kontextinformationen. Nach dem Einlesen sah die Ansicht in MAXQDA folgendermaßen aus:

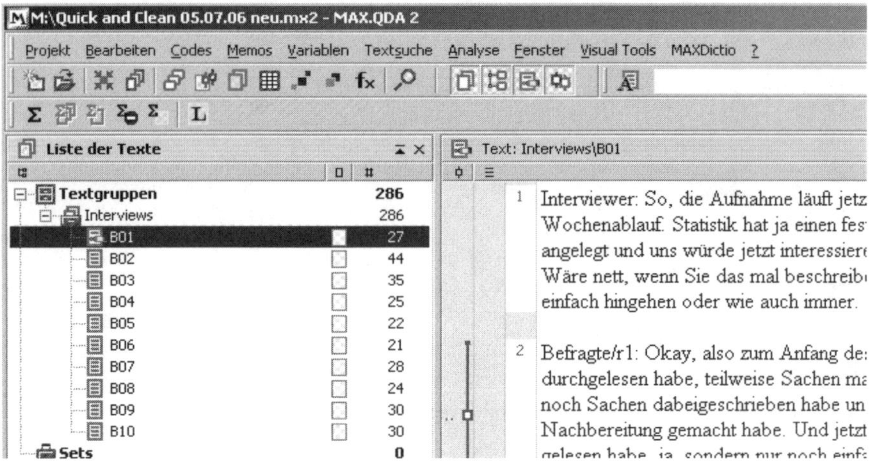

Abb. 4: Ansicht nach dem Import der Texte in das Analyseprogramm MAXQDA

---

11 Detailinformationen, eine Demoversion und ein Webtutorial finden Sie auf der Website www.maxqda.de.

Daten des Kurzfragebogens eingeben

Neben den Interviewtexten standen uns auch die Daten des Kurzfragebogens zur Verfügung. Um diese ebenfalls bei der Auswertung nutzen zu können, haben wir diese Variablen in die Variablenmatrix in MAXQDA eingetragen. So haben wir jedem eingelesenen Interviewtext das Alter, das Geschlecht, die Mathematiknote etc. der jeweils befragten Person zugeordnet. Aus den Daten des Kurzfragebogens haben wir folgende Variablen definiert:

Fragennummer (vgl. S. 22)	Variablenname	Variablentyp
1	Fachsemester	Ganzzahl
2	Geburtsjahr	Ganzzahl
3	Geschlecht	String
4	Besuch Vorlesung	String
	Besuch Übung	String
	Besuch Tutorium	String
5	Teilnahme verändert?	String
	Verändert Vorlesung	String
	Verändert Übung	String
	Verändert Tutorium	String
6	Mathenote im Abitur	Ganzzahl
7	Zufriedenheit mit Statistikveranstaltung	Ganzzahl
8	Zufriedenheit mit Lehrangebot	Ganzzahl

Tab. 2: Variablen des Kurzfragebogens

Eine neue Variable haben wir in MAXQDA im Variablenfenster einfach mit einem Rechtsklick auf einen der bereits vorhandenen Spaltenköpfe und dem Eintrag „*Variable einfügen*" erzeugt. Im nächsten Fenster konnten wir nun die neue Variable benennen und bestimmen, um welchen Variablentypus es sich handelt. Beispielsweise ist das Geburtsjahr eine typische Ganzzahlvariable. Die fertige Variablenmatrix unseres Projektes sah dann so aus:

Variablen

alle 10

Textname	Fachsemester	Geburtsjahr	Geschlecht	Besucht Vorlesung	Mathenote ...	Zufrieden ...	Besucht Übung	Bytes
B01	1	84	weiblich	sehr häufig	6	2	sehr häufig	7315
B02	1	86	weiblich	selten	9	3	mind. in jeder ...	8775
B03	1	73	weiblich	sehr häufig	2	4	sehr häufig	9847
B04	1	84	männlich	mind. in jeder 2. Woche	8	2	immer	10397
B05	1	75	männlich	immer	2	1	immer	5730
B06	1	86	weiblich	sehr häufig	9	2	sehr häufig	2939
B07	2	84	weiblich	mind. in jeder 2. Woche	13	3	mind. in jeder ...	6054
B08	1	84	männlich	sehr häufig	6	2	immer	4663
B09	1	79	männlich	immer	7	2	immer	13800
B10	1	85	weiblich	mind. in jeder 2. Woche	11	4	sehr häufig	12567

Abb. 5: Auszug aus den Daten des Kurzfragebogens in der Variablenmatrix

Die Matrix umfasste zehn Zeilen, d. h. für jeden Probanden eine Zeile. In den Spalten sind die Variablen zu erkennen. Dabei wurden „Fachsemester" und „Geburtsjahr" als numerische Ganzzahlvariablen definiert, die übrigen als Stringvariablen (Text), was deutlich zur Verbesserung der „Lesbarkeit" der Datenmatrix beiträgt. Zudem ist in der Abbildung ganz rechts auch die Bytegröße, also der Textumfang der einzelnen Interviews erkennbar.

Vertiefende Literatur zu Schritt 3:

Durchführung und Aufnahme:

Hopf, Christel (1978): Die Pseudo-Exploration. Überlegungen zur Technik qualitativer Interviews in der Sozialforschung. In: Zeitschrift für Soziologie,7, S. 97-115.

Rieker, Peter (1993): Zur Situation der Datenerhebung. In: Hopf, Christel/Schmidt, Christiane (Hrsg): Zum Verhältnis von innerfamilialen sozialen Erfahrungen, Persönlichkeitsentwicklung und politischen Orientierungen. Dokumentation und Erörterung des methodischen Vorgehens in einer Studie zu diesem Thema, S. 43-56. Online (17.01.2006): http://w2.wa.uni-hannover.de/mes/berichte/rex93.htm

Transkription:

Kuckartz, Udo (2007): Einführung in die computergestützte Analyse qualitativer Daten. Wiesbaden: VS-Verlag, S. 37-47 (Kap. 2.5: Texte transkribieren, Transkriptionsregeln und Transkriptionssysteme).

Kowal, Sabine; O'Connell, Daniel C. (2000): Zur Transkription von Gesprächen. In: Flick, Uwe; Kardorff, Ernst von; Steinke, Ines (Hrsg.): Qualitative Forschung: Ein Handbuch. Reinbek bei Hamburg: Rowohlt, S. 437-447.

Schritt 4: Daten erkunden, fallweise darstellen

Nachdem die Interviews transkribiert und in MAXQDA eingelesen sind, kann die erste Datenerkundung beginnen. Als erstes müssen die Interviewtexte gelesen werden. Wer Papier sparen will, kann direkt am Bildschirm lesen, viele bevorzugen jedoch einen Ausdruck.

Aufgrund unserer Erfahrungen bietet es sich in jedem Fall an, Auffälligkeiten, Ideen und Notizen gleich beim ersten Lesen am Rand festzuhalten. Denn die Interviews nur zu lesen, ohne sich Notizen zu machen, stellte sich als sehr ineffektiv heraus, vor allem weil es bei zehn Interviews – und damit etwa 30 DIN A4-Seiten – schwierig ist, die Übersicht zu behalten. Optimalerweise bietet sich die folgende Vorgehensweise an, um schnell zu Ergebnissen zu gelangen:

Beim Lesen werden zu jedem Interview alle wesentlichen und auffälligen Punkte stichpunktartig festgehalten, am besten gleich am Computer. So erhält man eine fallweise Zusammenfassung, die als optimale Diskussionsgrundlage für die weitere Auswertung dienen kann. In unserem Projekt hatte ein Mitarbeiter eine solche Übersicht angefertigt, anhand derer wir Interview für Interview durchgesprochen haben. So konnten die einzelnen „Case Summarys" um die Stichpunkte ergänzt werden, die den anderen Projektmitarbeitern aufgefallen waren.

Die Übersicht bestand jedoch nicht nur aus der stichpunktartigen Zusammenfassung für jedes Interview, sondern auch aus einem Kurztitel, der den Fall möglichst treffend charakterisieren sollte, z. B. „Der Realist (kein Matheass)". Auch diese Titel wurden von uns in der Gruppensitzung angepasst und verbessert, indem wir treffendere Ausdrücke festlegten.

Bei der Diskussion stößt man zwangsläufig auf fallübergreifende Themen und Hypothesen, in unserem Anwendungsfall beispielsweise auf unterschiedliche Lernstrategien. Dabei ist Disziplin von Nöten, um sich nicht in fallübergreifenden Diskussionen zu verlieren. Hilfreich ist es, entsprechende Punkte in einem Themenspeicher festzuhalten, der bei der kategorienbasierten Auswertung abgearbeitet werden kann (vgl. Schritt 6).

Bei der fallweisen Auswertung haben sich verschiedene Strategien und Vorgehensweisen bewährt:

Heranziehen der Ergebnisse aus der begleitenden Fragebogenerhebung

Welche Mathenote hatte die befragte Person im Abitur? Ein Blick in die Angaben aus dem Kurzfragebogen kann erste Annahmen bestätigen, Lesarten stützen und zusätzliche Informationen liefern.

Denken in Vergleichskategorien, Kontrastierung

„Im Vergleich zu B1 ist B2 eher eine Selbstlernerin“ oder „B10 scheint unmotivierter als die anderen“ – durch die zehn Fälle hat man die Möglichkeit, die Interviews und die Aussagen in Relation zueinander zu betrachten und vergleichende Aussagen zutreffen.

Suche nach Adjektiven für die Befragten und Interpretation von Gefühlslagen

„Ich denke, B3 fühlt sich überfordert“ – häufig kann es helfen, insbesondere in Bezug auf den Titel, für die befragten Personen charakterisierende Adjektive zu finden und beispielsweise Gefühlslagen zu interpretieren.

In der Regel wird die Auswertung von Interview zu Interview schneller vonstatten gehen, denn übergreifende Themen sind bereits besprochen, man hat Übung, auf das Wesentliche zu schauen und dementsprechend wird der Diskussionsbedarf geringer. Während wir beispielsweise für die ersten Fälle knapp 15 Minuten Zeit benötigten, nahmen die letzten nur noch gut 5 Minuten in Anspruch.

Das Ergebnis unserer fallweisen Auswertung haben wir hier abgedruckt: als detaillierte Fallübersichten zu B1 und B2 sowie die charakterisierenden Kurztitel der weiteren acht Fälle. Alle Case Summarys fügten wir als Memo in unsere MAXQDA-Projektdatei ein, um dort auf diese Informationen ohne Aufwand zurückgreifen zu können.

B1: Die positiv Eingestellte ohne Ambitionen

- Empfindet das Tutorium nur ab der Mitte des Semesters interessant.
- Die Übungen und das Tutorium sind am besten, aber am Schluss zu voll.
- Das Tutorium als Ersatz für die eigene Vor- und Nachbereitung.

- Empfindet die Grundstruktur der Vorlesung gut. Daraus resultiert ein guter Lerneffekt.
- Sie hat keine eigene Arbeitsgruppe (eher mit Freundin).
- Wunsch nach kleinerer Arbeitsgruppe.
- Hat nichts zusätzlich gelesen, findet aber selbst gemachte Notizen gut.
- Die Probeklausur war gut und Bestehen genügt ihr.

B2: Die ökonomische Selbstlernerin

- Mochte schon immer Mathe und jetzt auch Statistik.
- Ist selten zur Vorlesung und mehr in das Tutorium gegangen.
- Kann sich zuhause besser konzentrieren und ist daher nicht in die Vorlesung gegangen.
- Vorlesung hat nichts gebracht, weil sie nichts verstanden hat.
- Internet mit Übungen und Lösungen sind Lernquelle.
- Hat den Bortz gekauft und durchgearbeitet.
- Das Tutorium empfindet sie als sehr gut.
- Sie hat eine andere Vorstellung von Statistik gehabt, praktischer.
- Ihre Lernweise ändert sich in der Mitte fundamental.
- Sie schlägt mehr Zeit für Übungen und mehr Inhalte zum selbst mitschreiben vor.
- Fühlt sich gut vorbereitet auf die Klausur.

B3: Die latent Überforderte

B4: Der Realist (kein Matheass)

B5: Der gelassene Angstabbauer

B6: Die Problemlose

B7: Die Junior-Tutorin

B8: Der positive Allesnutzer

B9: Der positive Anwender

B10: Die Gelangweilte

Vertiefende Literatur zu Schritt 4:

Miles, Matthew B.; Huberman, A. Michael (2005). Qualitative Data Analysis – an Expanded Sourcebook (2nd edition). London: Sage.

Schritt 5: Das Kategoriensystem erstellen und die Interviews codieren

Nachdem alle Projektmitarbeiter mit der fallbasierten Auswertung eine Übersicht über das gesamte Datenmaterial gewonnen hatten, entschieden wir uns, mit einer kategorienbasierten Auswertung der Interviews fortzufahren. Unter einer solchen Auswertung verstehen wir die Durchsicht aller Interviews unter einem bestimmten Aspekt, quasi mit unterschiedlichen „Lesebrillen". Diese thematischen Aspekte werden allgemein als „Kategorien" und in MAXQDA als „Codes" bezeichnet. Sie sind alle in einem Kategoriensystem zusammengefasst, das hierarchisch mit Ober- und Unterkategorien aufgebaut sein kann. Technisch gesehen muss man sich unter einer Kategorie einen Begriff, ein Wort oder auch einen Kurzsatz vorstellen, wie z. B. „Vorwissen" oder „Was die Befragten an Wissen mitbringen". Anhand dieser Kategorien können die transkribierten Interviews durchgelesen werden, um thematisch zu einer Kategorie gehörende Aussagen dem entsprechenden Code zuzuordnen. Diese Zuordnung von Textpassagen zu einer Kategorie wird in der qualitativen Sozialforschung als „codieren" bezeichnet. Wie solch eine Zuordnung beispielhaft aussieht, können Sie dem Kapitel „4.2 Die Codierung: Ein codiertes Interview" entnehmen (S. 83).

Kategoriensystem und Codierregeln erstellen

Um für unsere Daten ein adäquates Kategoriensystem zu erstellen, überlegte sich zunächst jeder Mitarbeiter fünf Kategorien. Diese sollten zwei Kriterien genügen, nämlich einerseits ergiebig im Hinblick auf die geplanten Evaluationsziele und andererseits praktikabel auf das Datenmaterial anwendbar sein. Basis unserer Kategorienvorschläge bildeten neben den Evaluationszielen, dem Interviewleitfaden und dem Kurzfragebogen auch die Interviews selbst und die zuvor durchgeführte fallorientierte Auswertung.

Zur Verdeutlichung haben wir hier einen Vorschlag exemplarisch abgedruckt:

Vorurteil
Hierzu gehören alle Voraussetzungen, die Studierende mitbringen. Ihre Mathekenntnisse, diesbezüglich Selbstzuschreibungen, die Erwartungen an die Statistikvorlesung u.ä.

Leseengagement
Umgang mit dem Grundlagentext Bortz und dem Reader

Lernstil
Alles, was die Art und Weise des Lernens thematisiert (Selbstlerner, Gruppenlerner etc.)

Verlaufsform
Alles, was mit der Teilnahmefrequenz bzgl. der Verteilung derselben auf die drei Teilangebote Vorlesung, Übung, Tutorium zu tun hat. Auch die Veränderungen, die sich über das Semester hinweg ergeben haben.

Motivation/Aspiration
Motivlage der Studierenden bzgl. der Veranstaltung, Thematisierung der eigenen Leistungsfähigkeit und Bereitschaft, Erwartungen in Bezug auf den Klausurerfolg

Verbesserungsvorschläge
Alle bzgl. der Lehrveranstaltungen gemachten Vorschläge zur Verbesserung

Abb. 6: Beispiel für einen Kategorienvorschlag aus der Projektgruppe

Als Basis für die weitere Diskussion fasste ein Mitarbeiter unsere verschiedenen Vorschläge zusammen, wie es in Abb. 7 zu sehen ist. Kategorien und zugehörige Unterkategorien sind fett gedruckt, Erläuterungen stehen in normaler Schriftauszeichnung.

Für das zu entwickelnde Kategoriensystem hielten wir folgende Kriterien für angemessen. Es sollte …

1. nicht zu feingliedrig und nicht zu umfangreich sein, damit in den einzelnen Kategorien ausreichend viele Textstellen zu finden sind und vor allem die Auswertung nicht zu aufwändig wird.
2. in jedem Fall trennscharf sein.
3. in Hinblick auf den späteren Evaluationsbericht formuliert sein, indem z. B. Kategorien gewählt werden, die im späteren Bericht als Überschriften wieder auftauchen können.
4. in Beziehung zu den Fragestellungen und Evaluationszielen definiert sein.
5. an ein bis zwei Interviews getestet worden sein.

Es fiel schnell auf, dass sich mehrere Kategorien in unserer Zusammenfassung überlappten und es fast unmöglich wäre, Textstellen aus den Interviews trennscharf einer Kategorie zuzuordnen. Deshalb empfahl es sich als erstes, das Kategoriensystem stark zusammenzufassen und vor allem zu vereinfachen, indem eher offenere Kategorien gewählt und Doppelungen vermieden wurden.

Was bringen die Befragten mit / Voraussetzungen

Diese Kategorie bezieht sich auf Aussagen über die eigene Person (im Stile von „Ich mochte Mathe schon immer.").

Alter, Noten, Geschlecht, Mathenote

Vorurteile, Mythos und Erwartungen

Hierzu gehören alle Voraussetzungen, die Studierende mitbringen. Ihre Mathekenntnisse, diesbezüglich Selbstzuschreibungen, die Erwartungen an die Statistikvorlesung u.ä.

Mythos Statistik

Angst vor Statistik, Vorbehalte gegen Statistik, wozu Statistik?, Mathe

Erwartungen

Hier gehören Angst und Vorurteile gegenüber Statistik hin. Einstellungen: Wie war die Person zu Beginn und zu Ende des Semesters gegenüber der Statistik eingestellt?

Motivationslage und Ambitionen

Gefühlslage gegenüber der Veranstaltung insgesamt (überfordert, unterfordert, nebenbei, „alles kein Problem")

Teilnahme an den Veranstaltungen und Veränderungen im Verlauf des Semesters

Wie hat die befragte Person an den Veranstaltungen teilgenommen? Auch Veränderungen würden dieser Kategorie zugeordnet. Ggf. Unterkategorien für Vorlesung, Übung und Tutorium.

Verlauf und Veränderungen übers Semester

Alles was mit der Teilnahmefrequenz bzgl. der Verteilung derselben auf die drei Teilangebote Vorlesung, Übung, Tutorium zu tun hat. Auch die Veränderungen, die sich über das Semester hinweg ergeben haben. Verlauf der Beteiligung an den Veranstaltungen

Lernstile

Alles, was die Art und Weise des Lernens thematisiert (Selbstlerner, Gruppenlerner etc.)

Eigene Lernweise

eigene Notizen die gemacht wurden sind und Vorgehensweise beim Lernen, Reader, Probeklausur

Motivation/Aspiration

Motivlage der Studierenden bzgl. der Veranstaltung, Thematisierung der eigenen Leistungsfähigkeit und Bereitschaft, Erwartungen in Bezug auf den Klausurerfolg

Engagement und Vorbereitung

Umgang mit dem Grundlagentexten (Bortz) und dem Reader

Arbeitsmaterial

Welches Material wurde von der befragten Person genutzt?

Klausurvorbereitung

Kategorie zur Erfassung der Vorbereitungsbemühungen. Eigeninitiative. Hiermit kann codiert werden, ob und wie stark eine Person außerhalb bzw. neben den Veranstaltungen Initiative ergreift.

Bewertung Vorlesung/Übung/Tutorium und Dozent

Bewertung der Veranstaltungen

U.u. mit den Unterkategorien Vorlesung, Übung und Tutorium

Bewertung des Dozenten

Verbesserungsvorschläge

Alle Verbesserungsvorschläge in Bezug auf die einzelnen Veranstaltungen (Übung, Tutorium, Vorlesung, Klausur, Projektarbeit). Alles was zur Projektarbeit erwähnt wurde (Positives und Negatives)

Abb. 7: Erster Vorschlag für eine Zusammenfassung der unterschiedlichen Kategoriensysteme

Um die Kategorien zu testen, wählten wir zwei Interviews aus, die sich hinsichtlich Länge und Inhalt möglichst stark unterschieden. In einer Gruppensitzung ordneten wir Textpassage für Textpassage einer Kategorie zu, bei inhaltlichen Überschneidungen auch mehreren. Überschneidungen von Kategorien gab es beispielsweise, wenn Studierende die Statistikveranstaltung bewertet haben und dabei gleichzeitig einen Verbesserungsvorschlag erwähnten.

Durch geringe Modifikationen nach dem Testlauf ergab sich schlussendlich folgendes Kategoriensystem mit kurzen, prägnanten, möglichst selbsterklärenden Kategorientiteln:

Individuelle Voraussetzungen und Vorerfahrungen

Motivlage

Lernverlauf
- Teilnahmeverlauf an den Veranstaltungen
- Lernen außerhalb der Veranstaltungen
- Erwartung Klausurnote

Bewertung von Veranstaltung und Inhalt

Verbesserungsvorschläge

Abb. 8: Endgültiges Kategoriensystem

Zusätzlich explizierten wir folgende einfache Codierregeln, wie beim Zuordnen von Textstellen zu Kategorien vorzugehen ist. Diese Regeln besitzen für die meisten Textauswertungen Gültigkeit:

1. *Es werden Sinneinheiten codiert, aber mindestens ein Satz, am besten ein Absatz, bei Bedarf mehrere Absätze und die einleitende Interviewer-Frage.*
   Es gilt also beim Zuordnen von Kategorien-Codes, ein gutes Maß zu finden, wie viel Text um die relevante Information herum mitcodiert wird. Wichtigstes Kriterium ist, dass die Textstelle ohne den sie umgebenden Textkorpus für sich allein ausreichend verständlich ist.
2. *Gleiche Informationen werden nur einmal codiert.*
   Wenn eine bereits codierte Information, die sich auf Fakten, also nicht auf Einstellungen, Motive oder subjektive Sichtweisen bezieht, mehrfach genannt wird, dann wird diese nur bei der ersten Nennung codiert. Wenn z. B. ein Student bei seiner dritten Antwort das erste Mal mit-

teilt, dass er nicht am Tutorium teilgenommen hat, wird die Textpassage mit dieser Information codiert. Taucht diese Fakteninformation, dass er nicht am Tutorium teilgenommen hat, im Interview weiter unten noch einmal auf, wird sie nicht erneut codiert.

Interviews codieren

Für die sich anschließende Codierarbeit der Interviews sind verschiedene Varianten der Teamarbeit bei größeren Gruppen denkbar:

1. *Alle Teammitglieder codieren alle Texte allein, später wird gemeinsam abgeglichen.*
   Diese Variante ist natürlich mit Abstand die (zeit)aufwändigste, insbesondere bei großen Gruppen.
2. *Das Team teilt sich in zwei Gruppen auf. Jede Gruppe codiert wie bei 1) die Hälfte der Interviews und gleicht anschließend in der jeweiligen Gruppe ab.*
   Durch die Aufteilung der Interviews auf zwei Gruppen und die Halbierung der Gruppengröße bei der Diskussion verkürzt sich der Zeitaufwand wesentlich. Gleichzeitig gewinnen die Codierungen an Qualität, da sich mehrere Personen über die Kategorienzuordnung einigen müssen.
3. *Die Interviews werden auf Zweierteams aufgeteilt. Jeder codiert allein, später wird in den Zweierteams abgeglichen.*
   Diese Lösung ist sehr effizient, da die Diskussion über die Codierungen nur zwischen zwei Personen geführt wird.
4. *Die Interviews werden auf Zweierteams aufgeteilt. Die zwei Teammitglieder codieren die Interviews gemeinsam.*
   Vom Zeitaufwand ist dieses Vorgehen mit der dritten Variante vergleichbar. Jedoch ist fraglich, inwieweit sich der Gruppenprozess qualitätsmindernd auf die Kategoriezuordnungen auswirkt, weil nicht jeder im Vorfeld die Codierungen für sich allein vorgenommen hat. Es könnte sich eine Tendenz zur Zustimmung herausbilden, persönliche Unsicherheiten könnten ebenso eine Rolle spielen wie die unter Kosten-Nutzen-Gesichtspunkten rationale Verhaltensweise, die Arbeit möglichst schnell zu bewältigen.
5. *Die Interviews werden zufällig unter den Teammitgliedern aufgeteilt, jeder codiert allein.*
   Die schnellste Variante ist sicherlich auch die schlechteste hinsichtlich der Güte der Codierungen, da überhaupt kein Abgleich geschieht.

Es sei noch angemerkt, dass natürlich auch weitere Varianten der Teamarbeit möglich sind, die im Wesentlichen von der Anzahl der Teammitglieder abhängen. Da wir in unserer Gruppe zu viert bzw. mit den studentischen Hilfskräften zu siebt codieren wollten, bot sich für uns die dritte Vorgehensweise an, die sowohl schnell durchzuführen war als auch eine hohe Güte der Codezuordnungen garantierte.

In unserer großen Projektgruppe übernahm jedes Teammitglied die Codierung von zwei bis drei Interviews, die es nicht selbst geführt hatte. Die jeweiligen Zweierteams arbeiteten bei der computergestützten Auswertung mit unterschiedlichen Farben und den Teamworkfunktionen von MAXQDA, und zwar auf folgende simple, aber sehr effektive Art und Weise:

- Zuerst legten wir ein MAXQDA-Projekt an, das von einem Mitarbeiter zentral verwaltet wurde, und gaben das besprochene Kategoriensystem ein. Den entstandenen Codebaum kopierten wir für jeden der beiden Codierer des Zweierteams einmal und färbten die zwei entstandenen Bäume unterschiedlich ein. Den Codebaum für die schlussendlichen Codierungen beließen wir in der Standardfarbe grün, der Baum für Codierer 1 erhielt blau und für Codierer 2 rot:

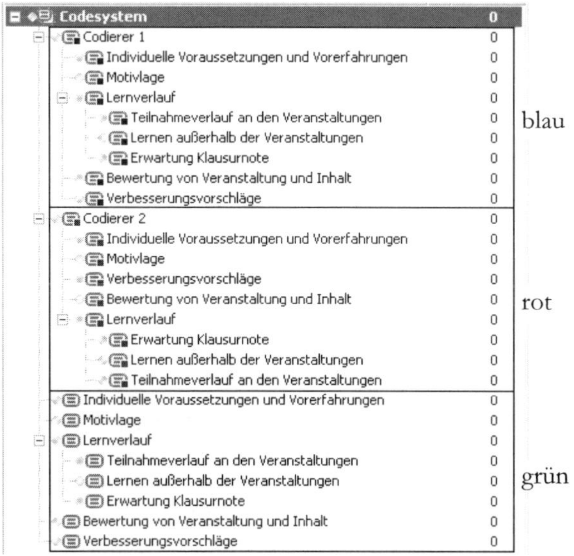

Abb. 9: Kategoriensystem für die Zusammenarbeit im Zweierteam

- Zu jedem Interview legten wir Codierer 1 und Codierer 2 fest, so dass gleichzeitig jeder wusste, in welcher Farbe er welches Interview codieren musste.
- Alle Codierer erhielten eine Kopie der zentralen Datei und codierten die ihnen zugewiesenen Interviews.
- Die Zweierteams verabredeten sich anschließend zum gemeinsamen Abgleich. Mit der Teamworkfunktion von MAXQDA transferierten die Codierpartner die Codierungen in eine gemeinsame Datei.
- Durch die unterschiedlichen Farben war sofort in der Textansicht von MAXQDA sichtbar, wo Codierungen übereinstimmten und wo Einigung nötig war. Am schnellsten ging der Abgleich von der Hand, indem die Teampartner entweder die endgültigen Codierungen zunächst im blauen oder roten Codebaum festhielten und dann in den grünen Baum verschoben oder die endgültigen Codierungen gleich im grünen Baum vornahmen.
- Nur diese endgültigen „grünen Codebäume" wurden schlussendlich zu einer Masterdatei vereinigt, in der nun die Anzahl der jeweils zugeordneten Textstellen zu sehen war:

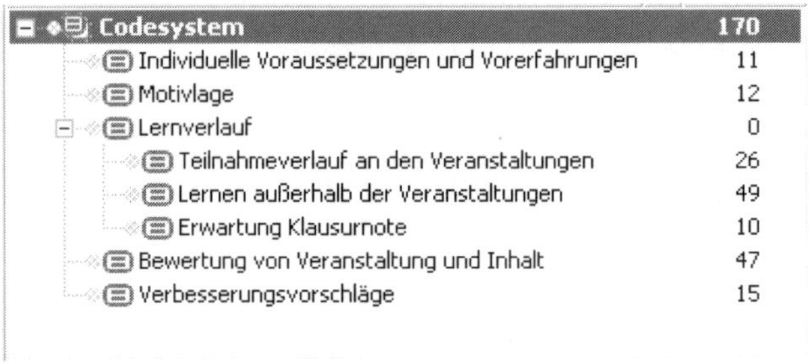

Abb. 10: Codebaum in MAXQDA mit sichtbarer Anzahl zugeordneter Textstellen

Vertiefende Literatur zu Schritt 5:

Kelle, Udo; Kluge, Susann (1999): Vom Einzelfall zum Typus. Fallvergleich und Fallkontrastierung in der qualitativen Sozialforschung. Opladen: Leske + Budrich, S. 54-74 (Kap. 4: Verfahren der Fallkontrastierung II: Die Kodierungen qualitativen Datenmaterials).

Kuckartz, Udo (2007): Einführung in die computergestützte Analyse qualitativer Daten. Wiesbaden: VS-Verlag, S. 60-73 (Kap. 3: Kategorien und das Codieren von Texten).

Schmidt, Christiane (2003): „Am Material“: Auswertungstechniken für Leitfadeninterviews. In: Friebertshäuser, Barbara; Prengel, Annedore (Hrsg.): Handbuch Qualitative Forschungsmethoden in der Erziehungswissenschaft. Weinheim, München: Juventa, S. 544-568.

Schritt 6: Kategorienbasiert auswerten und Evaluationsbericht erstellen

Da der Aufbau des Codebaums der späteren Berichtsgliederung entsprechen sollte, orientierte sich die weitere Auswertung direkt an den Kategorientiteln, die uns als vorübergehende Kapitelüberschriften dienten. Um effizient weiterzuarbeiten, empfiehlt es sich, die zu schreibenden Kapitel unter den Projektmitgliedern aufzuteilen und sich nach dem Lesen der fertigen Texte über Änderungen, Vereinheitlichungen und Übergänge in einer Gruppensitzung zu verständigen.

Wie aber gewinnt man aus den zugeordneten Textstellen zu jeder Kategorie einen Ergebnistext? Hierfür können wir verschiedene Vorgehensweisen und beachtenswerte Punkte beschreiben, die keinen Anspruch auf Vollständigkeit erheben, sich aber als praxistauglich bewährt haben.

Kategorien sichten, auffällige Punkte beschreiben

Selbstverständlich beginnt das Textschreiben immer damit, die zu einer Kategorie gehörenden Textstellen zu lesen, um sich einen ersten Eindruck und vor allem eine Übersicht über das vorhandene Material zu schaffen. Im Programm MAXQDA lässt man sich dafür alle Textstellen einer Kategorie – die so genannten Codings – im Fenster „Liste der Codings“ anzeigen und exportiert bei Bedarf die Codings als RTF-Datei.

Alles für wichtig Erachtete wird beschrieben, teilweise werden Erklärungsversuche und Interpretationen angefügt.

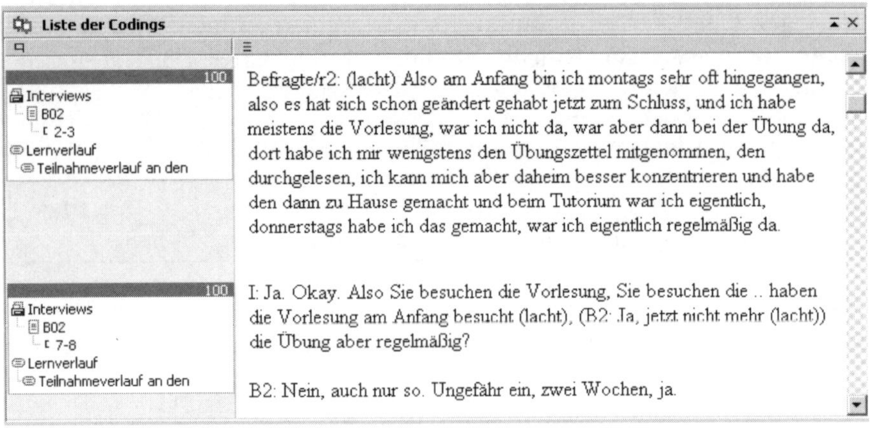

Abb. 11: Übersicht über die codierten Textstellen im Fenster „Liste der Codings“

Subkategorien bilden

Manchmal sind einer Kategorie zu viele Textstellen zugeordnet, um sie in der Gänze zu überschauen. Dann kann es hilfreich sein, Subkategorien zu erzeugen, und die Textstellen dadurch weiter zu gruppieren. In MAXQDA ist es möglich, jedes angezeigte Coding einer weiteren Kategorie zuzuordnen.

Für unsere Auswertung haben wir auf diese Weise bei der Kategorie „Bewertung von Veranstaltung und Inhalt“ unter anderem die Subcodes „Kritik“ und „Gefallen an Statistik“ erzeugt und konnten schnell sehen, welche Bewertungen sich häuften und welche eher Einzelnennungen waren.

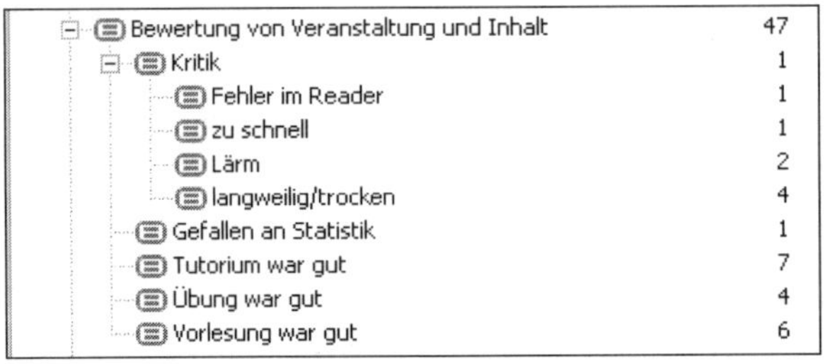

Abb. 12: Der Code „Bewertung von Veranstaltung und Inhalt“ mit Subkategorien

Textpassagen zitieren

Zitate sind meist unverzichtbarer Bestandteil der Ergebnisdarstellung eines qualitativen Projekts. Sie sollen der Verdeutlichung dienen, insbesondere den Bericht mit der Originalsprache der Interviewten anreichern, indem die Befragten „selbst zu Wort kommen". Um nicht in zu vielen Zitaten zu versinken, und vor allem, um nicht nur auf der reproduzierenden beschreibenden Ebene zu bleiben, ist es empfehlenswert, sich eine Vorgabe für die Anzahl der Zitate zu wählen. Wir legten ein Verhältnis von maximal 1/3 Zitat zu 2/3 Text fest. Natürlich ist es möglich, Zitate alleine für sich stehen zu lassen, es ist aber auch genauso sinnvoll, einzelne Satzteile aus den Interviews in den Text zu integrieren; nur zu lang und ausufernd sollten sie auf keinen Fall sein. Zitate sind in jedem Fall als solche zu kennzeichnen, in der Regel durch Anführungszeichen, die Angabe des Interviews und der Absatznummern, eventuell auch durch die Schriftauszeichnung *kursiv*.

Grafiken erstellen

Grafiken und Abbildungen empfehlen sich immer dann, wenn Zusammenhänge verdeutlicht oder Gedankengänge und Auswertungen illustriert werden sollen. Zum Beispiel haben wir mit MAXMaps (dem Visualisierungstool von MAXQDA) eine Grafik erstellt, die ausgewählte Kategorien und zugehörige Unterkategorien des Falls B3 veranschaulicht:

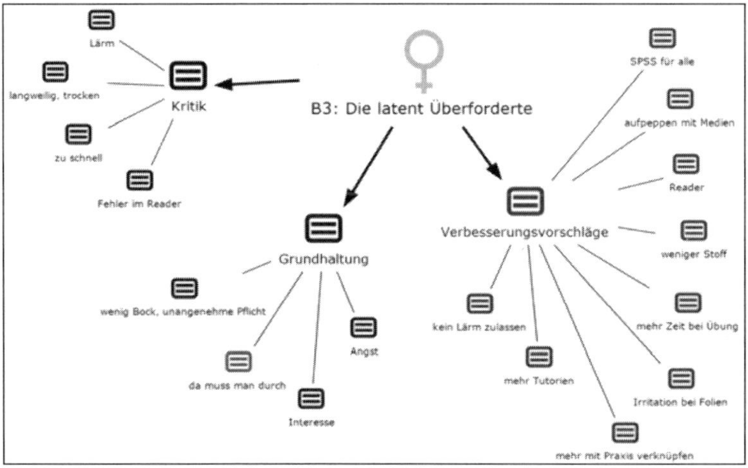

Abb. 13: Visualisierung von Zuordnungen zu Kategorien mit MAXMaps

Tabellenübersichten gestalten

Für manche Kategorien kann es hilfreich sein, eine Tabelle zu erstellen, in der die einzelnen Fälle die Zeilen bilden und dadurch miteinander verglichen werden können. Bei der Kategorie „Teilnahmeverlauf an den Veranstaltungen" konnten mit dieser Technik die Besuche der Veranstaltungsteile Vorlesung, Übung und Tutorium leicht verglichen werden. Auch Bezüge zu anderen Kategorien lassen sich schnell herstellen, wenn man eine zusätzliche Spalte einfügt, in unserer Auswertung war das etwa die prognostizierte Klausurnote (vgl. Übersichtstabelle bei Schritt 6, S. 54).

Informationen des Code-Matrix-Browsers auswerten

Besonders ergiebig kann die Möglichkeit sein, Informationen über die Verteilung der Codehäufigkeiten zu betrachten. In MAXQDA steht für die grafische Visualisierung der Codehäufigkeiten der Code-Matrix-Browser zur Verfügung, aus dem sofort relevante Erkenntnisse abgeleitet werden können. Wie die folgende Grafik auf einen Blick zeigt, äußert sich die Befragte 2 („die ökonomische Selbstlernerin") tatsächlich sehr häufig zum Thema Lernen außerhalb der Veranstaltungen; der entsprechende Kreis, der die Codehäufigkeit repräsentiert, ist im Vergleich zu den anderen in der Grafik dargestellten Befragten am größten.

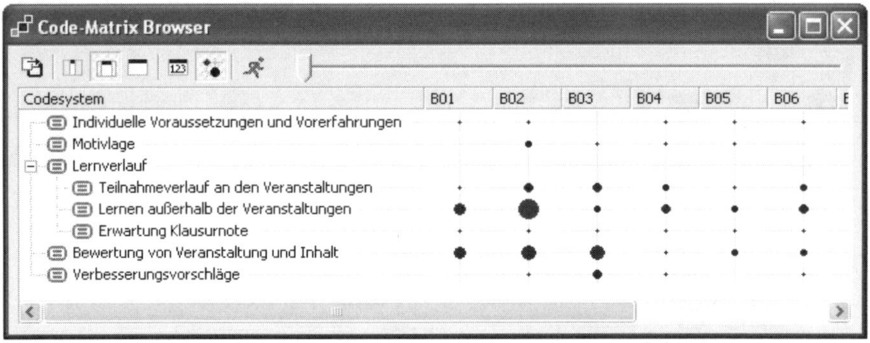

Abb. 14: Visualisierung von Codehäufigkeiten mit dem Code-Matrix-Browser

Die begleitende standardisierte Kurzbefragung heranziehen

In einigen Fällen kann es von Interesse sein, Angaben von Interviewpartnern aus der begleitenden schriftlichen Befragung heranzuziehen. Dadurch können insbesondere Systematiken und Zusammenhänge aufgespürt werden, bei unserer Evaluation beispielsweise Antworten auf die Frage „Gibt es einen Unterschied zwischen älteren und jüngeren Studierenden?" oder „Welche Mathenote im Abitur hatte die Befragte mit Angst vor der Statistik?"

Evaluationsziel beachten

Natürlich darf das Ziel der Evaluation nicht aus dem Blickfeld geraten. Es wäre z. B. unproduktiv für die Ziele unserer Evaluation gewesen, wenn wir unsere Aufmerksamkeit nur auf die individuellen Lernprozesse gelegt und dadurch vorwiegend Erkenntnisse für die Lernforschung generiert hätten.

Anonymität und Stereotype beachten

Von selbst versteht sich, dass die Anonymität gewahrt bleiben muss, was in der Regel bereits durch die geeignete Transkription zu geschehen hat. Nicht so selbstverständlich und auch nicht immer leicht zu handhaben ist der Umgang mit Stereotypen. Dies soll an zwei Beispielen erläutert werden.

Erstens standen wir häufig vor der Frage, wie wir die Befragten nennen: „Studierende", „Student", „Befragter" oder „Interviewte". Bei jeder Wortwahl muss man letztendlich kontrollieren, ob hinter einem „Befragten" tatsächlich ein Mann oder vielleicht eine Frau steht. Denn wie das folgende Zitat illustriert, erzeugt man unterschiedliche Bedeutungen, wenn man B2 als Mann oder als Frau darstellt:

> *„B2: Wir haben uns mal einmal getroffen, aber es waren halt Mädels, und da macht man halt alles Andere als Statistik. (lacht) (I: lacht)" (B2, 12)*

Es handelte sich übrigens um eine Frau.

Zweitens gab es eine Person (Neutrum!), deren Fall wir mit „unmotiviert" diskutierten, die gute Mathenoten hatte und sich eher unterfordert fühlte. Es handelt sich auch hier um eine Frau und nicht um einen Mann, wie der Großteil der Projektgruppe geraume Zeit annahm.

Zwei weitere Punkte halten wir für die Verschriftlichung besonders erwähnenswert, weil sie in der Praxis schnell zu Unsicherheiten führen können. Der erste Punkt bezieht sich auf den *Umgang mit Häufigkeiten von Nennungen.* Wir halten es für sinnvoll, quantifizierende Aussagen zu treffen, um Mehrheiten und Minderheiten zu verdeutlichen. Es macht ja einen Unterschied, ob ein Verbesserungsvorschlag von einer Person oder von fast allen Befragten genannt wird.[12] In unserer Studie wurden deshalb folgende Formulierungen verwendet:

- „Fast alle Interviewten …"
- „Die Hälfte der Befragten …"
- „Eine Person …"

Der zweite Punkt betrifft den *Umgang mit Interpretationen*: Wie viel sollte bzw. darf man interpretieren? Wie beschreibend sollte man vorgehen? Wie dicht bleibt man am Interview bzw. am Text? Dies ist ein Problem, das sich bei jeder Evaluation stellt. Aus unserer Sicht ist es zwingend nötig zu interpretieren, um bei der Auswertung nicht nur auf einer beschreibenden Ebene der Interviews zu verweilen. Die Interpretationsspanne reicht vom abstrakten Beschreiben bis hin zu detaillierten Deutungen. Für unsere Auswertung haben wir größtenteils die Textstellen einer Kategorie zusammengefasst, beschrieben und interpretativ in einen größeren Rahmen eingeordnet. Dieser Rahmen besteht aus unseren langjährigen Erfahrungen mit universitären Lehrveranstaltungen, aus unserem Wissen über die Ziele der Veranstaltung z. B. aus der Studien- und Prüfungsordnung oder über klassische Wünsche von Studierenden, z. B. aus Anfängerstudien.

Die gemeinsame Diskussion über die geschriebenen Kapitel des Evaluationsberichtes zieht in der Mehrzahl der Fälle noch eine notwendige Überarbeitung nach sich, um die eingebrachten Ideen und Verbesserungsvorschläge in den Text zu integrieren. So haben wir beispielsweise für die Kapitelüberschriften aussagekräftigere Titel gewählt.

---

12 Hopf wies schon in dem für die neuere qualitative Forschung in Deutschland wegbereitenden Text „Qualitative Sozialforschung" darauf hin, dass häufig das Missverständnis aufträte, dass Quantifizierung im Prozess qualitativer Forschung nichts zu suchen habe. Jedoch könne, so Hopf, auch qualitativ erhobenes Material durchaus unter verschiedenen Gesichtspunkten quantifiziert werden. Entscheidend sei, dass diese Quantifizierung im Nachhinein erfolge, auf der Basis einer umfangreichen Auseinandersetzung mit dem qualitativ erhobenen Material (vgl. Hopf 1979: 13 f.). Auch bei Philipp Mayring heißt eine Säule der qualitativen Forschung „Quantifizierung" (Mayring 2000: 24 ff.) und bei Clive Seale lautet die Losung: „Zählen des Zählbaren!" (Seale 1999: 121). Quantitative Angaben können der Unterfütterung, Verdeutlichung oder dem Beleg einer Theorie oder einer Generalisierung dienen. Sie haben eine wichtige Funktion im Kampf mit dem in der qualitativen Forschung kursierenden „Anekdotismus".

Die größten Änderungen haben wir jedoch an dem Kapitel zur Kategorie „Motivlage" vorgenommen. Denn die Auswertung zeigte unter anderem, dass die Wahl des Kategorientitels relativ unklar war und es zudem Konfusionen bezüglich des Begriffs „Motiv" gab. So haben wir dieses Kapitel schließlich in „Grundhaltungen" umbenannt, die Interviews erneut nach entsprechenden Textstellen durchgesehen und den Text grundlegend überarbeitet.

Die detaillierten Ergebnisse unserer kategorienbasierten Auswertung stellen einen wesentlichen Teil des Evaluationsberichtes dar. Da wir uns in unserer Vorstellung der sieben Schritte jedoch auf das methodische Vorgehen konzentrieren, haben wir die Ergebnisse in einem eigenen Kapitel zusammengefasst (Kapitel 4, S. 77).

Vertiefende Literatur zu Schritt 6:

Datenauswertung

Kelle, Udo; Kluge, Susann (1999): Vom Einzelfall zum Typus. Fallvergleich und Fallkontrastierung in der qualitativen Sozialforschung. Opladen: Leske + Budrich, S. 75-97 (Kap. 5: Konstruktion empirisch begründeter Typologien).

Kuckartz, Udo (2007): Einführung in die computergestützte Analyse qualitativer Daten. Wiesbaden: VS-Verlag, S. 71-106 (Kap. 4: Sozialwissenschaftliche Ansätze für die kategorienbasierte Textanalyse).

Evaluationsbericht

Balzer, Lars (2005): Wie werden Evaluationsprojekte erfolgreich? Landau, S. 242-254 (Kap. 6.8: Präsentation und Berichtlegung).

Beywl, Wolfgang; Schepp-Winter, Ellen (2000): Zielgeführte Evaluation von Programmen. Ein Leitfaden. Berlin: BMFSFJ, S. 83-91 (Kap. 5: Evaluationsberichte). Online (09.01.2007): http://univation.org/download/QS_29.pdf

Schritt 7: Fazit erarbeiten, Ergebnisse rückmelden, Bericht abschließen

Fazit und Konsequenzen herausarbeiten und verschriftlichen

Für den Evaluationsbericht bietet es sich an, die Ergebnisse zusammenzufassen und zu verdichten und zwar im Hinblick auf die eingangs festgelegten Evaluationsziele.

Für unseren Bericht haben wir die ersten beiden Evaluationsziele, die sich auf die Optimierung des Veranstaltungskonzeptes beziehen, aufgegriffen und als Überschriften verwendet. Das dritte Evaluationsziel hatte die methodische Vorgehensweise im Blick, weshalb wir den Ergebnissen das eigene Kapitel 3 „Reflexion der qualitativen Vorgehensweise" gewidmet haben (S. 59).

Evaluationsziel 1: Beantwortung konkreter Fragen

Zu Beginn unserer Untersuchung haben wir acht Fragen formuliert, die jetzt auf Grundlage der Auswertungen komprimiert beantwortet werden sollen.

1. Wie sind die Eingangsvoraussetzungen der Studierenden?

Vorurteile gegenüber Statistik bestehen kaum. Ebenso gibt es wenige negative Vorerfahrungen mit Mathematik oder Statistik. Nur zwei der Befragten haben Mathematik im Abitur mit „ausreichend" abgeschlossen. Bei einigen Befragten löst die Statistikveranstaltung Bedenken aus. Ein Zusammenhang zur Mathenote lässt sich jedoch nicht feststellen, und die Bedenken lösen sich im Verlauf des Semesters auf.

2. Welche Verlaufsformen der Teilnahme an Vorlesung, Übung und Tutorium hat es gegeben?

Der Teilnahmeverlauf an den drei Veranstaltungsteilen ähnelt sich bei der Hälfte der Befragten: Sie besuchen die Vorlesung, die Übung und – meist nach ein paar Wochen – auch das Tutorium. Die andere Hälfte kombiniert die Veranstaltungsformen sehr individuell. Zum Beispiel kommen einzelne Studierende manchmal nur in die Übung, um sich einen Übungszettel „abzupflücken".

3. Welchen Lernaufwand haben die Studierenden betrieben? Haben sie den Grundlagentext gelesen?

Die Grundhaltung „Hauptsache durch" bei sieben der zehn Befragten und die Grundhaltung „Interesse" bei sechs Studierenden spiegelt folgenden Zusammenhang wider: Es besteht zwar das Interesse an der Veranstaltung und gegenüber dem Thema Statistik, aber die Bereitschaft zu höherem Lernaufwand hält sich insgesamt in Grenzen. Acht Befragte geben an, den Veranstaltungsreader zu lesen, aber nur vier verwenden den Grundlagentext Bortz. Dementsprechend war eine wesentliche Erkenntnis für uns, dass Studierende die Veranstaltung erfolgreich absolvieren konnten, ohne einen einzigen Blick in die zugrunde gelegte Standardliteratur werfen zu müssen.

4. Welche Arbeitsformen sind bei den Studierenden feststellbar?

Zu Beginn des Semesters hält sich der Lernaufwand über die angebotenen Veranstaltungen hinaus in Grenzen. Rückt jedoch die Klausur in greifbare Nähe, weiten die Studierenden ihre Lern- und Arbeitsaktivitäten über die Standard-Veranstaltungen aus. Sie arbeiten jetzt den Reader durch, rechnen Probeklausuren und setzen sich verstärkt in Lerngruppen zusammen.

5. In welcher Beziehung stehen die Arbeitsformen zu den Voraussetzungen?

Aus der Übersichtstabelle auf den nächsten zwei Seiten entnehmen wir einen Zusammenhang zwischen Teilnahmeverlauf, Arbeitsform und Grundhaltung. Die „Muster-Studierenden", die gleichsam Vorlesung, Übung und zur Mitte des Semesters auch das Tutorium besuchen, lesen keine zusätzliche Literatur und lassen sich der Grundhaltung „Hauptsache durch" zuordnen.

Darüber hinaus lässt uns ein Blick auf die Mathenote im Abitur noch folgenden Zusammenhang vermuten: Je besser die Note, desto größer ist die Wahrscheinlichkeit, nicht zur Gruppe dieser „Muster-Studierenden" zu gehören, weist diese Gruppe doch die im Vergleich schlechteren Noten auf.

	Teilnahmeverlauf			Literaturverwendung	Lerngruppe	erwartete Klausurnote	Grundhaltungen	Mathe-note
	Vorlesung: laut Interview	Übung: laut Interview	Tutorium: laut Interview					
	Vorlesung: lt. Fragebogen	Übung: lt. Fragebogen	Tutorium: lt. Fragebogen					
B1	regelmäßig	regelmäßig	seit Mitte des Semesters regelmäßig	nur Reader, keine weitere Literatur	nein, nur Nachfrage bei Freundin zur Klausurvorbereitung	Hauptsache bestehen	Interesse, Hauptsache durch	4+
	sehr häufig	sehr häufig	mind. in jeder 2. Woche					
B2	am Anfang sehr oft, dann weniger, am Ende gar nicht; schaut sich Unterlagen zu Hause an	anfangs häufig, dann seltener; mind. Übungszettel mitgenommen oder mitbringen lassen	regelmäßig	Bortz komplett durchgearbeitet	wenig: nur einmal so, einmal zur Klausurvorbereitung	keine 1, eher 3	Interesse, Ambitionen	3+
	selten	mind. in jeder 2. Woche	sehr häufig					
B3	regelmäßig, kurzer Einbruch zu Weihnachten	regelmäßig	zum Ende hin regelmäßig	k.A., vermutlich keine weitere Literatur	ja, zur Klausurvorbereitung	Hauptsache bestehen, alles bessere ist gut	Angst, Hauptsache durch	2
	sehr häufig	sehr häufig	selten					
B4	mindestens alle 2 Wochen	immer	zu Beginn immer, aber dann nicht mehr, weil Übung wichtiger	Bortz gemeinsam in Lerngruppe rumgereicht	ja, während des gesamten Semesters	Hauptsache bestehen, 3 wäre schön	Interesse, Hauptsache durch	3
	mind. in jeder 2. Woche	immer	selten					
B5	regelmäßig	regelmäßig	nach ein paar Wochen regelmäßig	keine weitere Literatur	ja, unregelmäßig	3	Hauptsache durch	2 oder 5*
	immer	immer	sehr häufig					
B6	regelmäßig	regelmäßig	nicht teilgenommen	Bortz wird gelesen und zum Nachschlagen benutzt, v. a. zur Klausurvorbereitung, Diekmann auch	ja, vor allem zur Klausurvorbereitung	3	Interesse, Ambitionen	3
	sehr häufig	sehr häufig	nie					

B7	am Anfang immer, dann weniger weil das Tutorium mehr gebracht hat und wegen anderer Scheine	überwiegend regelmäßig	seit Mitte des Semesters regelmäßig	Bortz wird gelegentlich gelesen, z. B. zur Klausurvorbereitung	ja, mit Freund	2	Wissensweitergabe, Ambitionen	1-
	mind. in jeder 2. Woche	mind. in jeder 2. Woche	mind. in jeder 2. Woche					
B8	regelmäßig	regelmäßig	regelmäßig, insbesondere zum Ende hin häufiger	keine weitere Literatur	ja, zur Klausurvorbereitung	2-3 wäre schön, aber Hauptsache bestehen	Interesse, Hauptsache durch	4+
	sehr häufig	immer	mind. in jeder 2. Woche					
B9	regelmäßig	regelmäßig	seit Mitte des Semesters regelmäßig	k.A., vermutlich keine weitere Literatur	ja, zur Klausurvorbereitung	2-3	Interesse, Hauptsache durch	3-
	immer	immer	sehr häufig					
B10	am Anfang regelmäßig, dann nur gelegentlich, lieber zu Hause gelesen	meistens da zumindest um die Übungszettel abzuholen	seit Mitte des Semesters ab und zu mal	keine weiterführende Literatur	ja, zur Klausurvorbereitung	2-3	Desinteresse, Hauptsache durch	2
	mind. in jeder 2. Woche	sehr häufig	selten					

* Es war nicht eindeutig, ob der Befragte Punkte oder eine Note angegeben hatte.

Tab. 3: Gesamtübersicht über die fallorientierte und die kategorienbasierte Auswertung sowie des Kurzfragebogens

Um die einzelnen Fälle besser einsortieren zu können, seien hier noch einmal die Kurztitel aufgeführt:

B1: Die positiv Eingestellte ohne Ambitionen
B2: Die ökonomische Selbstlernerin
B3: Die latent Überforderte
B4: Der Realist (kein Matheass)
B5: Der gelassene Angstabbauer
B6: Die Problemlose
B7: Die Junior-Tutorin
B8: Der positive Allesnutzer
B9: Der positive Anwender
B10: Die Gelangweilte

6. Wie zuversichtlich sind die Studierenden, die Klausur zu bestehen? Wie ehrgeizig sind sie in Bezug auf das Erreichen einer guten Note?

Alle Befragten schauen zuversichtlich auf die Klausur, zumindest geht keiner der Befragten davon aus, die Klausur nicht zu bestehen. Der Ehrgeiz bezüglich einer guten Klausurnote hält sich jedoch in Grenzen, denn für viele Befragte ist es nur wichtig zu bestehen. Die Hälfte lokalisiert sich im mittleren Notenbereich zwischen „gut“ und „befriedigend“.

7. Wie beurteilen die Studierenden Vorlesung, Übung und Tutorium?

Insgesamt wird die Einführung in die sozialwissenschaftliche Statistik recht positiv beurteilt, wobei sich die Bewertungen der einzelnen Veranstaltungen voneinander unterscheiden. Die meiste Kritik gilt der Vorlesung, wenngleich auch hier eine positive Sichtweise überwiegt. Für die Übung gibt es nur selten Kritik, die sich vornehmlich auf organisatorische Angelegenheiten und Rahmenbedingungen richtet. Das Tutorium schließlich wird am wenigsten kritisiert, lediglich die Rahmenbedingungen, d. h. eine zu große Teilnehmerzahl bei zu engen Räumlichkeiten, werden bemängelt.

8. Welche Verbesserungswünsche und Anregungen haben die Studierenden für die Veranstaltungen?

Verbesserungswünsche und Anregungen sind eher selten und bleiben meist Einzelnennungen, die sich auf persönliche Präferenzen und Probleme der Studierenden beziehen, z. B. auf das Lerntempo oder die stärkere Orientierung an der Praxis. Mehrfach genannt wurden die Wünsche, dass dem hohen Lärmpegel entgegengewirkt wird, dass die oftmals zu leise gestellten Plenumsfragen laut wiederholt werden oder dass leichte Unterschiede zwischen Folien und Vorlesung bestehen, um die Aufmerksamkeit zu erhöhen.

Als gemeinsames Ergebnis der fallorientierten und der kategorienbasierten Auswertung sowie des Kurzfragebogens kann die Tabelle auf den beiden vorhergehenden Seiten betrachtet werden. Jede Zeile der Tabelle repräsentiert eine befragte Person, jede Spalte ein Thema. Liest man die Tabelle zeilenweise, sieht man jeden einzelnen Fall vor sich, z. B. in Zeile zwei „die ökonomische Selbstlernerin“. Bei der Betrachtung einer Spalte erhält man schnell eine Übersicht zu einem bestimmten Thema, z. B. aus der Spalte „Literaturverwendung“ (über den Reader hinaus), dass der Bortz als Grundlagenliteratur nur von wenigen Studierenden genutzt wird.

Evaluationsziel 2: Konsequenzen der qualitativen Evaluation für zukünftige Lehrveranstaltungen

Die Daten und Ergebnisse der Befragung wurden in unserer Arbeitsgruppe diskutiert und vor dem Hintergrund unseres fachspezifischen Wissens, didaktischer Methoden und finanzieller Möglichkeiten gewichtet. So wurden einige Aussagen als besonders bedeutsam bewertet, andere hingegen bspw. aus Gründen fehlender Finanzierungsmöglichkeit verworfen. Daraus ergaben sich Konsequenzen und Anpassungsmöglichkeiten für das Konzept der Statistikvorlesung. In der gemeinsamen Diskussion der Ergebnisse einigten wir uns im Arbeitsteam darauf, die zukünftige Veranstaltung hinsichtlich des pädagogischen Berufsalltags anwendungsorientierter auszurichten und so interessanter zu gestalten. Folgende Veränderungsvorschläge wurden generiert:

Im Bereich der *Vorlesung* geht es vor allem darum, das Interesse und die Aufmerksamkeit der Beteiligten zu fördern. Dies kann durch veränderte Veranstaltungsbedingungen und Inhaltsaufbereitung bewirkt werden. Während der Vorlesung soll konsequenter für Ruhe gesorgt und Fragen aus dem Plenum entweder per Mikrofon gestellt oder zusätzlich durch den Dozenten wiederholt werden. Die Veranstaltung wird außerdem nicht mehr identisch mit den Inhalten des Readers sein, um so für größere Aufmerksamkeit zu sorgen. Die thematischen Inhalte werden zudem anhand eines Beispiels durchdekliniert, das sich wie ein roter Faden durch die gesamte Veranstaltung zieht. Dafür wird immer in den letzten 15 Minuten jeder Vorlesung gezeigt, wie die vorgestellten Statistikinhalte an konkreten Beispielen angewendet werden können. Geplant ist, anhand des Materials der Shell-Jugend-Studie direkt mit SPSS live vorzuführen, wie verschiedene statistische Verfahren zum Einsatz kommen und zu Ergebnissen führen.

Aus den Evaluationsdaten konnten wir verschiedene *Grundhaltungen* bei den Lernenden herausarbeiten. Unsere Idee ist es nun, den Grundhaltungstypen entsprechende Maßnahmen anzubieten, um sie geeigneter als bisher zu fördern und zu fordern.

Für die Ängstlichen bietet es sich an, gezielter als bisher in der Vorlesung auf das Tutorium hinzuweisen, das gerade bei ihnen sehr gut angekommen ist. Zudem sollte für diese Personen auch in der Vorlesung deutlich gemacht werden, dass bestimmte Ängste unbegründet sind bzw. wie man angemessen damit umgehen kann (z. B. Vorbereitungshinweise).

Für Personen mit der Grundhaltung „Hauptsache durch“ bietet es sich an, Motivationsanreize zu schaffen und ein Verständnis für die Praxisrelevanz zu fördern. Dies soll durch den erhöhten Praxisbezug und die Vorstellung von Beispielen bewirkt werden.

Für die Unterforderten und die besonders Interessierten werden zusätzliche Lernhinweise gegeben und Anreize geschaffen. Dazu gehören Zusatztexte und zum jeweiligen Thema einer Vorlesung passende Hinweise im Reader, welche Fachliteratur (mit Seitenangabe) für einen tieferen Einstieg in die Materie geeignet ist. Zudem wird eine Konzeptentwicklung angedacht, bei der besonders motivierte und gute Studierende Kommilitonen beraten und betreuen, die Schwierigkeiten haben, um so Unterschiede besser auszugleichen (Tandemmentoren).

In der Evaluation wurden Schwierigkeiten der Gruppenarbeit zwar nicht deutlich benannt, dennoch haben wir nach den Diskussionen und Rückmeldungen aus der Veranstaltung beschlossen, die Gruppenbildung zu verbessern. Die Idee ist nun, diese zu fördern, indem man die Gruppenbildung in der ersten Sitzung selbstbestimmt nach soziometrischen Ansätzen (Jakob Levy Moreno) durchführt. Zudem soll noch deutlicher auf mögliche Kollisionstermine beim Tutorium mit anderen Vorlesungen oder Seminaren geachtet werden.

Auch für die vorlesungsbegleitenden *Materialien* haben sich Änderungshinweise ergeben. Zum Bestehen der Klausur hat es bisher genügt, die Vorlesung zu besuchen und den Reader zu lesen. Der Bortz wurde als zentrales Werk der sozialwissenschaftlichen Statistik zu wenig rezipiert und soll jetzt stärker in den Vordergrund treten. Daher wird zukünftig jedes Readerkapitel einen Hinweis auf zusätzliche klausurrelevante Informationen im Bortz (inkl. Seitenangabe) enthalten. Folglich werden auch Übungen, die nur im Bortz enthalten sind, Bestandteil des Materials sein. Im Reader werden zusätzliche Leerseiten eingebaut, um für die dann vorhandenen inhaltlichen Unterschiede zwischen Vorlesung und Reader Raum für Notizen zu lassen.

Vorschläge zur verbesserten Aneignung von *SPSS* durch spezielle EDV-Kurse für alle Teilnehmenden wurden von unserer Arbeitsgruppe als im Rahmen der finanziellen Möglichkeiten nicht umsetzbar eingestuft und daher abgelehnt. Durch den 15-minütigen Praxisteil in jeder Vorlesung werden aber Arbeitsschritte mit SPSS vorgeführt.

Ergebnisse zurückmelden und Evaluationsbericht abschließen

Der letzte Schritt umfasst einen Rückkopplungsprozess mit dem Auftraggeber einer Evaluationsstudie, in unserem Fall also die Rückmeldung der Ergebnisse an Prof. Muster. In einem Feedbackmeeting wurden nicht nur die Ergebnisse dargestellt, sondern auch gemeinsam diskutiert. So konnten Verbesserungsvorschläge, Änderungshinweise und Ideen für die nächste Statistikveranstaltung mit Prof. Muster gemeinsam erarbeitet werden. Bei einem solchen Vorgehen können die erhobenen Daten mit dem Erfahrungsschatz des Auftraggebers kombiniert und fundierte Handlungsoptionen entwickelt werden. Diese Handlungsoptionen und zusätzlichen Erkenntnisse haben wir beim Schreiben des Evaluationsberichtes berücksichtigt und in die entsprechenden Unterkapitel eingepflegt.

Um den Evaluationsbericht abzuschließen, haben wir das Manuskript schließlich in die endgültige Form gebracht. Alle Teilbeiträge der Arbeitsgruppe wurden gesammelt und in ein Hauptdokument eingefügt. Dieses wurde dann redaktionell überarbeitet, also in eine einheitliche Formatierung gebracht und auf Rechtschreib- und Interpunktionsfehler überprüft. Zum Abschließen des Berichtes gehörte auch, die verwendeten Werkzeuge zu dokumentieren, also z. B. den Leitfaden der Befragung und die Fragebögen in den Anhang einzufügen.

Neben der Berichterstellung ist auch an eine angemessene Archivierung der Daten zu denken (z. B. für Dokumentationszwecke oder Sekundäranalysen). Bezüglich der Archivierung der Daten muss fallbezogen entschieden werden. Wir haben beispielsweise sowohl die Transkripte und Original-Audiodateien als auch die codierten Daten und verwendeten Word-Dateien auf CD oder DVD gesichert. Dabei muss aber bedacht werden, dass die Original-Audiodaten die Anonymität der schriftlichen Transkripte auflösen und unter Umständen Rückbezüge ermöglichen. Je nach Evaluationsprojekt sollte daher im Sinne eines angemessenen Anonymitätsgrades entschieden werden.

Vertiefende Literatur zu Schritt 7:

Balk, Michael (2000): Evaluation von Lehrveranstaltungen. Die Wirkung von Evaluationsrückmeldung. Frankfurt/Main: Peter Lang.

3. Reflexion der qualitativen Vorgehensweise

Dieses Kapitel ist nicht der Evaluation der Lehrveranstaltung im engeren Sinne gewidmet, Gegenstand ist vielmehr die methodische Vorgehensweise, die hier – auch im Vergleich zur universitätsüblichen standardisierten Evaluation – reflektiert werden soll. Ausgangspunkt unserer Studie war ja die Frage, ob es gelänge, auch in einem eng gesteckten Zeitrahmen eine ergänzend konzipierte qualitative Evaluation durchzuführen und welche über die quantitative Evaluation hinausgehenden Resultate sich damit erzielen lassen könnten. Damit war von vornherein die standardisierte Evaluation der Statistikveranstaltung als Referenzstudie definiert und so soll in diesem Kapitel mit einer kurzen Skizzierung ihrer Ergebnisse begonnen werden, bevor über den Mehrwert qualitativer Evaluation reflektiert wird.

3.1 Die Ergebnisse der standardisierten quantitativen Evaluation

Die als standardisierte Befragung der Studierenden durchgeführte zentrale Evaluation der Lehre an der Philipps-Universität arbeitet mit einem zweiseitigen Fragebogen, der überwiegend aus vorgegebenen Statements besteht, zu denen die Befragten Zustimmung oder Ablehnung auf einer meist vier- oder fünfstufigen Skala äußern können. Hinzu kommen einige Items, bei denen Bewertungen in Form von Schulnoten vorgenommen werden können. Die drei Hauptthemen, die der Fragebogen abdeckt, sind: die Lehrveranstaltung selbst, die Beurteilung des Dozenten und Fragen zur eigenen Motivation und Teilnahme.

Die Veranstaltung

Art und Duktus der zur Veranstaltung gestellten Fragen lassen sich aus folgenden Tabellen entnehmen, in der die Items ausgewählt wurden, die sich im gleichen inhaltlichen Feld bewegen wie der Leitfaden der qualitativen Evaluation.

Der Großteil der Befragten (96%) gibt an, dass das Seminar nach einer klaren Gliederung verlaufen ist. Hierzu passen auch die Antworten auf die Frage, ob die Veranstaltung einen guten Überblick über das Themengebiet verschafft hat. Jeweils 46% geben an, dass dies „eher stimmt" bzw. „stimmt", gleichwohl damit für die Befragten auch ein großer Stoffumfang verbunden ist. Knapp die Hälfte gibt an, dass dieser etwas bzw. viel zu hoch gewesen sei. Nur wenige empfanden den Stoffumfang als zu gering und für 45% war er genau richtig.

Item	stimmt nicht (1)	stimmt eher nicht (2)	stimmt eher (3)	stimmt (4)	Mittelwert
Das Seminar verläuft nach einer klaren Gliederung.	0,7%	2,9%	23,0%	73,4%	3,69
Das Seminar gibt einen guten Überblick über das Themengebiet.	1,5%	5,9%	46,3%	46,3%	3,38
Die Hilfsmittel zur Unterstützung des Lernens (z. B. Literatur, Arbeitsmaterialien) sind ausreichend und in guter Qualität vorhanden.	3,8%	11,3%	35,3%	49,6%	3,31
In dem Seminar herrscht eine gute Arbeitsatmosphäre.	13,1%	35,0%	36,5%	15,3%	2,54
Das Seminar ist vermutlich für die spätere Berufspraxis sehr nützlich.	15,5%	38,8%	34,9%	10,9%	2,41
Das Seminar ist eine gute Mischung aus Wissensvermittlung und Diskussion.	45,9%	43,6%	7,5%	3,0%	1,68

Tab. 4: Bewertung der Veranstaltung

Ähnlich sieht die Bewertung des Tempos der Veranstaltung aus. Für 48% war es etwas bzw. viel zu hoch, 44% empfanden es als genau richtig. Gleichwohl fast die Hälfte der Befragten das Tempo und den Umfang als zu hoch einstuften, wird der Schwierigkeitsgrad im Allgemeinen von nur 38% als etwas bzw. viel zu hoch bewertet und für mehr als die Hälfte (54%) war er genau richtig. Negativ fällt bei der Bewertung der Veranstaltung die Frage nach dem Verhältnis zwischen Wissensvermittlung und Diskussion aus. Dass 89% der Befragten angeben, dass es in dieser Hinsicht keine gute Mischung gegeben habe, ist angesichts der Tatsache, dass es sich um eine

Vorlesung handelt, wenig verwunderlich. Sehr zufrieden sind die Befragten mit der Qualität der Hilfsmittel zur Unterstützung des Lernens: 85% sind hier der Meinung, dass ausreichend Hilfsmittel in guter Qualität vorhanden waren.

Item	sehr gut (1)	gut (2)	befriedigend (3)	ausreichend (4)	mangelhaft (5)	ungenügend (6)	Mittelwert
Welche „Schulnote“ (1-6) würden Sie der Veranstaltung insgesamt geben?	1,4%	34,1%	40,6%	15,9%	7,2%	0,7%	2,96

Tab. 5: Bewertung der Veranstaltung nach Schulnote

Item	viel zu niedrig/ gering (1)	etwas zu niedrig/ gering (2)	genau richtig (3)	etwas zu hoch/groß (4)	viel zu hoch/groß (5)	Mittelwert
Der Schwierigkeitsgrad der Veranstaltung ist...	0,7%	7,3%	54,0%	35,8%	2,2%	3,31
Das Tempo der Veranstaltung ist...	1,5%	6,6%	43,8%	40,9%	7,3%	3,46
Der Stoffumfang der Veranstaltung ist...	0,7%	4,4%	45,3%	46,0%	3,6%	3,47

Tab. 6: Bewertung des Schwierigkeitsgrads, Tempos und Stoffumfangs der Veranstaltung

Item	sehr wenig (1)	wenig (2)	einiges (3)	viel (4)	sehr viel (5)	Mittelwert
Ich habe in der Veranstaltung gelernt:	3,6%	9,4%	48,9%	28,8%	9,4%	3,31

Tab. 7: Bewertung des Lernerfolgs in der Veranstaltung

Die Fragen zum Schwierigkeitsgrad, zum Tempo und zum Stoffumfang der Veranstaltung zeigen ein recht einheitliches Bild: Die große Mehrheit liegt jeweils im Bereich „genau richtig“ bis „etwas zu viel bzw. zu hoch“. Der Mittelwert für die Bewertung der Gesamtveranstaltung nach Schulnoten beträgt 2,96.

Der Dozent

Den Dozenten empfinden nur sehr wenige Befragte als nicht freundlich und respektvoll gegenüber den Studierenden. Komplett positiv bewerten 83% das Verhalten gegenüber den Studenten. Weiterhin galt es zu bewerten, ob der Dozent das Seminar interessant gestaltet hat. 44% geben an, dass dies eher nicht der Fall gewesen sei, 15% geben an, dass dies überhaupt nicht zutreffe und für 32% trifft dies eher zu.

	Item	stimmt nicht (1)	stimmt eher nicht (2)	stimmt eher (3)	stimmt (4)	Mittelwert
+	Der/Die Dozent/in verhält sich den Studierenden gegenüber freundlich und respektvoll.		2,2%	13,9%	83,9%	3,82
+	Der/Die Dozent/in geht auf Fragen und Anregungen der Studierenden ausreichend ein.	2,2%	12,3%	45,7%	39,9%	3,23
+	Der/Die Dozent/in gestaltet das Seminar interessant.	15,8%	44,4%	32,3%	7,5%	2,32
+	Der/Die Dozent/in fördert mein Interesse am Themenbereich.	22,4%	41,0%	28,4%	8,2%	2,22
-	Der Dozentin/Dem Dozenten scheint der Lernerfolg der Studierenden gleichgültig zu sein.	37,4%	40,3%	15,8%	6,5%	1,91
-	Der/Die Dozent/in gibt zu wenig erklärende und weiterführende Informationen zu den behandelten Themen.	18,0%	37,4%	26,6%	18,0%	2,45
-	Der/Die Dozent/in verdeutlicht zu wenig die Verwendbarkeit und den Nutzen des behandelten Stoffes.	12,2%	39,6%	31,7%	16,5%	2,53

Tab. 8: Beurteilung des Dozenten

Die Befragten wurden des Weiteren aufgefordert zu beurteilen, ob dem Dozenten der Lernerfolg der Studenten gleichgültig gewesen sei. Dass dies nicht oder eher nicht stimmt, wird von 77% angegeben. Positiv fällt auch das Urteil darüber aus, ob der Dozent auf Fragen und Anregungen der Studenten ausreichend eingegangen ist. 45% geben an, dass dies eher der Fall sei und 39% stimmen der Frage voll zu. Eher negativ wird der Dozent dahingehend beurteilt, ob er das Interesse der Befragten am Themenbereich gefördert hat. Insgesamt 63% geben an, dass dies nicht (22%) oder eher nicht (41%) zutreffe. Weiterhin sollten die Befragten angeben, ob der Dozent die Verwendbarkeit und den Nutzen des behandelten Stoffes ausreichend verdeutlichte, was 51% bejahen. Positiv fällt auch das Urteil darüber aus, ob der Dozent genügend erklärende und weiterführende Informationen zu den behandelten Themen gab. Bei der abschließenden Bewertung des Dozenten durch eine Schulnote erhält dieser durchschnittlich eine 2,5.

Item	sehr gut (1)	gut (2)	befriedigend (3)	ausreichend (4)	mangelhaft (5)	ungenügend (6)	Mittelwert
Welche „Schulnote" (1-6) würden Sie der Dozentin/dem Dozenten als Veranstaltungsleiter/in geben?	9,5%	47,4%	29,2%	10,9%	2,9%		2,5

Tab. 9: Beurteilung des Dozenten nach Schulnote

Interesse und Teilnahme

Mehr als die Hälfte (53%) gibt an, dass das Interesse an der Veranstaltung nur „mittel" sei. Sehr gering ist es für 10% und gering für 23%. Die große Mehrheit der Befragten hat die Veranstaltung regelmäßig besucht: Nie gefehlt haben 15%, ein Viertel (25%) geben an, nur ein Mal gefehlt zu haben und 20% haben zwei Mal gefehlt.

Im Zusammenhang mit den Fehlzeiten wurden die Befragten nach den Hintergründen ihrer Abwesenheit befragt. Bei etwa einem Viertel ist keiner der Fehltermine auf äußere Umstände zurückzuführen, bei 30% ist ein Fehltermin auf äußere Umstände zurückzuführen und weitere 28% führen zwei ihrer Fehltermine auf äußere Umstände zurück. Nicht selten war fehlende Lust die Ursache für Fehltermine: Einen Fehltermin führen 24% und zwei Termine 14% auf fehlende Lust zurück.

Item	sehr gering (1)	gering (2)	mittel (3)	groß (4)	sehr groß (5)	Mittelwert
Mein Interesse an dieser Veranstaltung ist:	10,1%	23,0%	53,2%	12,2%	1,4%	2,72

Tab. 10: Bewertung des Interesses an der Veranstaltung

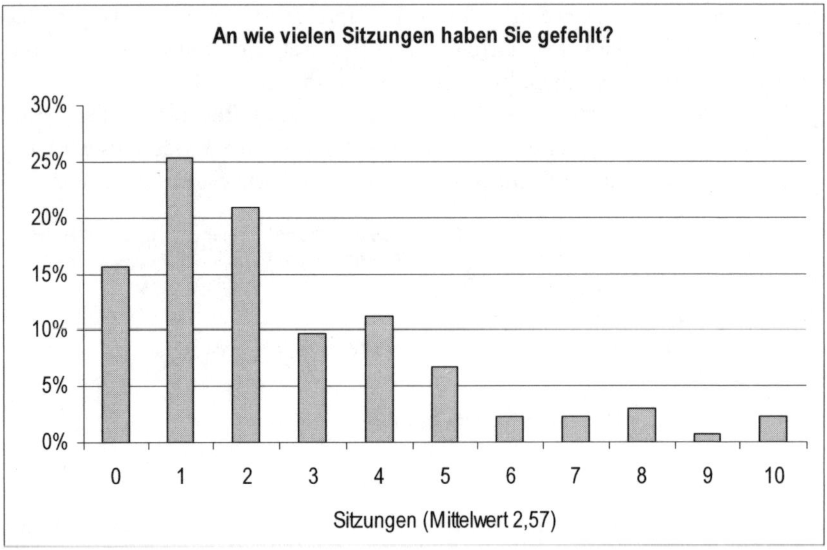

Abb. 15: Fehltermine

Was brachte die standardisierte Evaluation?

An erster Stelle ist hier zu nennen, dass tatsächlich die Bewertungen aller Teilnehmer oder doch zumindest all derjenigen, die den Fragebogen ausgefüllt haben, erhoben werden und damit die Meinung aller Teilnehmer und nicht nur einer Stichprobe zählt. Ein Blick in die Häufigkeitsverteilungen der einzelnen Items zeigt unmittelbar, wo die Befragten übereinstimmen (z. B. beim Urteil über die klare Gliederung der Veranstaltung) und wo sie stark differieren, z. B. bei der Frage, ob der Dozent genügend erklärende Informationen zu den behandelten Themen gibt.

Die standardisierte Erhebung gibt auch die Chance, Verteilungsparameter wie Mittelwerte und Standardabweichungen zu bestimmen. Auch Zusammenhangsanalysen – etwa zwischen Interesse und Teilnahmehäufigkeit – lassen sich inklusive der entsprechenden Signifikanzen berechnen.

Die Resultate der quantitativen Erhebung sind auch durchaus dazu geeignet, Stärken und Schwächen der Veranstaltung zu diagnostizieren. Wenn mehr als 60% sagen, dass ihr Interesse am Themenbereich eher nicht gefördert wurde, so wirft das naturgemäß für jeden Dozenten die Frage auf, wie denn das Interesse besser zu fördern sei und wo die Gründe für diese Einschätzung liegen. Auf diese Frage geben die quantitativen Daten allerdings keine Antwort, zumindest die Daten, die mit dem Standard-Evaluationsinstrument der Uni Marburg erhoben wurden.

Problematisch sind auch alle Kausalitätsvermutungen. Nur 18% sagen bspw. dass ihr Interesse an der Lehrveranstaltung groß ist. Die Variable „Interesse an der Veranstaltung“ korreliert hoch signifikant (r=0.49) mit der Frage nach der Förderung des inhaltlichen Interesses durch den Dozenten. Aber wie hängen diese beiden Einflussfaktoren nun kausal zusammen?

Eine Lesart wäre: Bedingt durch das geringe Interesse gegenüber Statistik arbeiten die Studierenden mit angezogener Handbremse, so dass es dem Dozenten schwer bis unmöglich ist, ein inhaltliches Interesse zu wecken. Zweite Lesart könnte sein: Das Interesse wird nicht gefördert und geht deshalb zurück, so dass beim Semesterende das Interesse bei denjenigen am geringsten ist, die sich am wenigsten gefördert fühlen. Es gibt mindestens noch eine weitere Interpretationsvariante: Nämlich dass beide Variablen mit einer Drittvariablen zusammenhängen, die man als „Pädagogik-Lust“ bezeichnen könnte. Die Studierenden streben in das Pädagogikstudium, weil sie mit Menschen arbeiten wollen und nicht etwa, weil sie Theoriebücher lesen wollen, geschweige denn Statistik-Lehrbücher. Diese Grundorientierung beeinflusst beide Variablen.

Interessant ist auch der Zusammenhang folgender Korrelationen: Wer viel Interesse an der Veranstaltung hat, hält das Methoden-Wissen auch für berufsrelevant (r=0.55). Wer angibt, in der Veranstaltung viel gelernt zu haben, hält das Wissen ebenfalls eher für berufsrelevant (r=0.48) und je höher das persönliche Interesse ist, desto mehr glauben die Studierenden gelernt zu haben (r=0.48). Mit größerem Interesse geht die Einschätzung einher, dass der Stoffumfang der Veranstaltung genau richtig war, während umgekehrt mangelndes Interesse mit der Meinung korreliert, der Stoffumfang sei zu hoch. Die Variablen lassen sich nun zu kausalen Aussagen verknüpfen wie „Wenn man das in der Veranstaltung vermittelte Wissen nicht für berufsrelevant hält, interessiert man sich auch weniger dafür, findet folglich den Stoffumfang zu groß und kommt am Ende zu dem Ergebnis, nur wenig gelernt zu haben.“ Aber auch die Lesart, dass diejenigen, die den Stoffumfang zu groß fanden und vergleichsweise wenig gelernt haben, dies für sich selbst mit mangelnder Berufsrelevanz des Wissens legitimieren, ist durchaus möglich.

Die quantitativen Daten geben kein Entscheidungskriterium an die Hand, welche der Lesarten denn nun die wahrscheinlich richtige ist. Überhaupt legt die statistische Analyse eher eine atomistische Einzelbetrachtung nahe: Jedes Item wird für sich betrachtet, Mittelwerte werden gebildet und mit geeigneten Vergleichsmittelwerten konfrontiert. So geschieht es etwa im Rahmen der universitätsweiten Evaluation, wo standardmäßig ein Feedback für den Dozenten erstellt wird, das Vergleiche seines Seminars mit den Mittelwerten anderer Seminare des Instituts und der gesamten Universitäten enthält. Motive der Teilnehmer und Kontexte des Studiengangs finden dabei ebenso wenig Berücksichtigung wie die Persönlichkeit der Befragten, die mit ihren Identitäten und Widersprüchen möglicherweise ein ziemlich inkonsistentes Verhalten zeigen, indem sie beispielsweise die Veranstaltung hochinteressant finden, aber trotzdem häufig fehlen.

Differenzen, die wir etwa bei den Angaben zur Teilnahmehäufigkeit zwischen den offenen Interviews und den Angaben in unserem Begleitfragebogen finden, gelten der quantitativen Betrachtungsweise nicht als erklärungsbedürftig, sondern als Messfehler.

3.2 Der Mehrwert der qualitativen Evaluation

Die Zugewinne, die durch unsere qualitative Evaluation erzielt wurden, lassen sich acht Dimensionen zuordnen:

1. *Fallorientierung*
   Im Gegensatz zur Variablenorientierung der quantitativen Vorgehensweise ist die Perspektive von vornherein fallorientierter. Vor uns steht ein lebendiger Teilnehmer oder eine lebendige Teilnehmerin. Wir erfahren etwas über das Teilnahmeverhalten, sogar über die Veränderungen im Verlaufe des Semesters und sehen immer fast automatisch die Einbettung in den Kontext. Auch die Emotionen der Befragten werden deutlich. Anders als bei einer auf einzelne Items aufbauenden Methodik, wo man nach Korrelationen von Items forscht, sucht man hier nach Ähnlichkeiten zwischen Personen.
2. *Ganzheitlichkeit und Komplexität*
   Das starre Bewertungskonzept von 4er- oder 5er-Skalen fällt weg, es kann sich differenzierter geäußert werden. Daten besitzen so mehr Komplexität, sie können durchaus ein Sowohl-als-auch enthalten.

Die qualitative Erhebung ermöglicht eine bessere Bewertung des Interviews durch die Forschenden. Beispielsweise, ob der Befragte authentisch erschien, sich auf das Interview eingelassen hat oder nur lustlos und kurz angebunden geantwortet hat. Bei einer quantitativen Erhebung ist es nicht möglich, festzustellen, ob die Antworten sorgfältig oder vielleicht nur wahllos angekreuzt wurden.

3. *Kontexte und Hintergründe*
   Vordergrund und Hintergrund von Ansichten, Einstellungen etc. werden deutlich. Die Einbettung von Aussagen in den Kontext ist wesentlich stärker.
4. *Vermeiden von Fehlschlüssen und Missinterpretationen*
   Man erhält mehr Interpretationshinweise als bei der standardisierten Evaluation, wo die Gründe und Motive für die Beantwortung im Dunkeln bleiben und man deshalb eher zu Fehlschlüssen verleitet wird.
5. *Prozessorientierung*
   Die qualitative Evaluation erwies sich in unserem Fall als praxisorientierter und handlungsorientierter. Sie erbrachte umfassende Vorschläge zur Änderung des Veranstaltungskonzeptes. Demgegenüber ist die quantitative Evaluation vornehmlich beschreibend und bewertend.
6. *Interaktion und Kommunikation*
   Gegenüber dem bei Lehrevaluationen üblichen Ausfüllen eines Fragebogens weist ein qualitatives Interview einen weit größeren Grad an Interaktivität und Kommunikation auf. Es kommt ein persönlicher Kontakt zwischen Evaluatoren und Befragten zustande. Evaluation findet face-to-face, als kommunikativer Prozess statt. Die Befragten empfinden, dass ihnen Wertschätzung entgegengebracht wird und dass ihre Meinung – die mehr ist als das Ankreuzen in vorgegebenen Kästchen – tatsächlich zählt: Schließlich nimmt man sogar den O-Ton auf! Es lässt sich begründet vermuten, dass unter diesen Bedingungen die Non-Response-Rate im Interview deutlich geringer ausfällt.
7. *Konsistenz und Authentizität*
   Die Sichtweisen der Betroffenen spielen per definitionem eine Rolle. Sie werden offen gefragt und müssen nicht auf vorformulierte Fragen standardisierte Antworten geben. Es wird also von vornherein

eine andere Perspektive eingenommen. Es besteht ein Konsistenzzwang. Befragte können nicht einmal so und dann wieder anders antworten. Sie sind der Logik rationaler Kommunikation unterworfen. Es besteht ein Begründungszwang für die Befragten. Sie müssen mit Nachfragen rechnen. Werden Sie etwa nach ihren Verbesserungsvorschlägen gefragt, können sie nicht einfach Vorschläge aus der Luft greifen.

8. *Vermeiden verborgener Normativität*
   Fragen und Antwortvorgaben einer standardisierten Erhebung besitzen eine in sich eingewobene Normativität, beispielsweise das Bild eines „Idealdozenten", der sich freundlich und respektvoll gegenüber Studenten verhält, dem der Lernerfolg der Studierenden am Herzen liegt, der die Verwendbarkeit und den Nutzen des behandelten Stoffs ständig verdeutlicht und bei allen das Interesse am Themenbereich weckt. Eine offene Erhebung vermeidet ein solches „hidden curriculum".

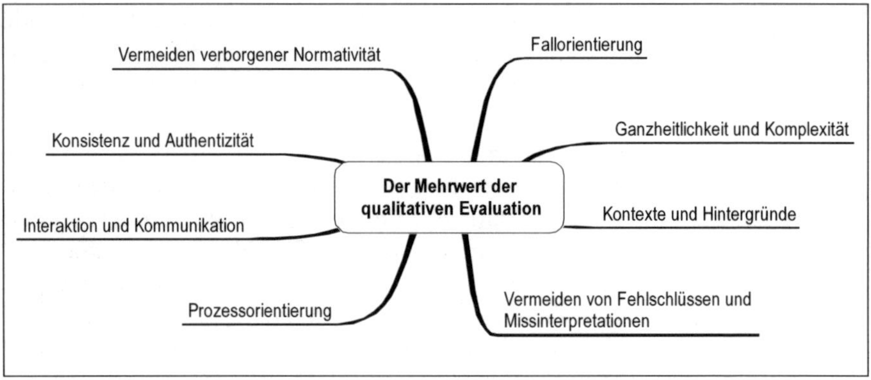

Abb. 16: Der Mehrwert der qualitativen Evaluation

Betrachtet man diese einzelnen Punkte noch einmal genauer, so ist es vor allem die in der qualitativen Evaluation vorherrschende *fallorientierte Sichtweise,* die eine zentrale Differenz zwischen qualitativer und quantitativer Evaluation markiert. Bei der qualitativen Datenauswertung werden *Persönlichkeiten* sichtbar wie die „Junior-Tutorin", die „latent Überforderte" oder die „Gelangweilte". Man glaubt, diese bei der Lektüre der Texte leibhaftig vor sich zu sehen. Bei Betrachtung von Ergebnistabellen quantitativer Evaluationen, wie bei den oben abgebildeten Tab. 4 bis Tab. 10, bleibt es hingegen bei grauem Zahleneinerlei, worüber ggf. auch bunte grafische Darstellungen nicht hinweg täuschen können. Hingegen springen einem bei der Auswertung der qualitativen Interviews bunt schillernde Personen ins Auge, die man *verstehen* kann, mit denen man *mitfühlen* kann oder über die man vielleicht sogar heimlich lachen kann. Es wird auch direkt deutlich, wer welche Verbesserungsvorschläge für die Veranstaltung macht und welchen Hintergrund es für diese Vorschläge gibt. Auch die Arbeitsstile der Studierenden, der Verlauf ihrer Teilnahme an den verschiedenen Veranstaltungsteilen, ja sogar die Dynamik während der Veranstaltung werden sichtbar. Man erfährt, warum jemand ins Tutorium geht. Ja, es werden sogar Geheimnisse gelüftet, wie der lange Zeit für den Dozenten unerklärliche Tatbestand, dass die Zahl der Übungszettel nie ausreichte, obwohl doch immer mehr Kopien zur Verfügung standen, als die Veranstaltung Teilnehmer aufwies. Hier „verriet" eine Befragte, dass sie – wie offenbar andere Kommilitonen auch – immer zwei Zettel nahm, einen zum Ausfüllen und einen, den sie unbenutzt in den eigenen Arbeitsordner einheftete.

Handlungskontexte werden deutlich, bis hin zu der eigentlich sehr privaten Mitteilung, dass das Hauptmotiv, den Stoff zu lernen, darin bestand, dem Freund – kein Ass in Mathe – alles möglichst gut erklären zu wollen. Das geht nun tatsächlich nur, wenn man alles auch wirklich durch und durch verstanden hat.

Die qualitative Evaluation macht es auch möglich, recht komplexe Konstellation zu identifizieren wie die als *Grundhaltungen* bezeichneten, die wie eine Art generative Grammatik einzelne, beobachtbare Verhaltensweisen hervorbringen.

Ein weiterer Vorteil ist, dass sich gruppenbezogene Verbesserungsvorschläge konzipieren lassen, z. B. für die *Ängstlichen*, für die *Unterforderten* oder für die *Überforderten.*

Nicht zu unterschätzen ist auch der Wert von Anregungen und Vorschlägen, die von den Befragten kommen. Sie fühlen sich durch die Art der Befragung ernst genommen und geben nicht selten wichtige Anregungen. So findet sich in unseren Interviews der Vorschlag, Aufmerksamkeit in der Veranstaltung dadurch zu erzeugen, dass Überraschungen in die Vorlesung eingebaut werden, etwa Folien zu präsentieren, die nicht im Reader enthalten sind, oder Veränderungen und Ergänzungen gegenüber dem Veranstaltungsreader vorzunehmen.

In manchen Fällen relativiert die qualitative Evaluation auch die Ergebnisse der standardisierten Evaluation. Es zeigt sich etwa, dass sich konkrete Kritik und konkrete Verbesserungsvorschläge in Grenzen halten, denn es werden überhaupt nur zwei Verbesserungsvorschläge mehrmals genannt. Die standardisierte Studie hatte zum Resultat, dass das Tempo eher etwas zu hoch gewesen sei. Anhand der qualitativen Daten wird nun aber deutlich, dass die Eigenarbeit der Studierenden für Vor- und Nachbereitung deutlich unter dem Verhältnis von 1:1 von Präsenzlehre zu Vor- und Nachbereitung bleibt. In diesem Punkt wären die Konsequenzen, die man aus den Ergebnissen für die Veranstaltungsplanung ziehen würde, also geradezu gegenläufig: Während die Resultate der quantitativen Evaluation nahe legen, das Tempo beim nächsten Mal zu drosseln, legt die qualitative Studie nahe, die Studierenden eher deutlich darauf hinzuweisen, dass häusliche Vor- und Nachbereitung erforderlich ist und solche Nachbereitung vielleicht auch durch das Einführen von speziellen „Hausaufgaben" einzufordern.

In den meisten Fällen konkurrieren die Ergebnisse der beiden Studientypen aber nicht, sondern die Resultate der qualitativen Studie beinhalten wesentliche Erweiterungen und Erläuterungen. Die qualitative Evaluation produziert einen anderen Typ von Information, welcher fallbezogener und reicher an Kontext ist. Kontradiktorische Ergebnisse wie die zum Veranstaltungstempo sind hingegen eher selten, aber wie man sieht durchaus auch denkbar. Mitunter eröffnet die qualitative Studie auch eine andere Bewertungsperspektive. So legt die quantitative Evaluation es eigentlich nahe, Fehltermine der Studierenden negativ zu bewerten. Die heimliche Norm lautet: „Eine Veranstaltung, in der häufig gefehlt wird, ist schlechter als eine Veranstaltung, zu der immer möglichst alle erscheinen." Die qualitative Studie relativiert diese Annahme, denn sie zeigt, dass neben der großen Gruppe mit Herdenverhalten (die überall hingehen) sehr individuelle Teilnahmearrangements anzutreffen sind. Die Erhöhung der Zahl der ständig Teilnehmenden erweist sich auf diesem Hintergrund als ein ziemlich belangloses Ziel.

Viele Studierende geben an, in der Lehrveranstaltung etwas gelernt zu haben. Gleichzeitig gilt für die Mehrzahl, dass sie die Latte für sich selbst nicht sonderlich hoch gelegt haben, sondern „Hauptsache durchkommen" zur Maxime erhoben haben. Diese Grundhaltung manifestiert sich nicht in einem einzelnen Kreuzchen eines Fragebogens und ist auch nicht unbedingt in einem Satz oder Halbsatz eines offenen Interviews zu finden, sondern erfordert die Gesamtschau eines Interviews und stellenweise ist es möglicherweise auch nötig, zwischen den Zeilen zu lesen. Es ist die Stärke der qualitativen Methodik, dass sie mehr oder weniger von selbst eine solche ganzheitliche Sichtweise provoziert, jedenfalls dann, wenn das Auswertungsprocedere zunächst mit einer ausführlichen Fallanalyse beginnt.

Ein Mehrwert qualitativer Evaluation besteht – paradoxerweise – auch darin, dass sich bei vielen Fragen materialbezogene Erklärungen ergeben und der Interpretationsspielraum des Forschers eingeschränkt wird. Anders als es die herkömmliche Zuschreibung vermuten lässt, der zufolge qualitative Sozialforschung interpretativ arbeitet, macht der Vergleich von qualitativer und quantitativer Analyse deutlich, dass der Interpretationsspielraum im Fall der quantitativen Daten im Grunde wesentlich größer ist als bei qualitativen. Der in den qualitativen Daten vorhandene Kontext bewirkt, dass bestimmte Vermutungen und Interpretationen nicht mehr aufrechterhalten werden können. Auch beugt die Fallbezogenheit falschen Generalisierungen vor. Während man bei der quantitativen Auswertung fast automatisch dazu neigt, den Mittelwert der Gesamtpopulation quasi als Charakteristikum zuzuschreiben, kommt eine solche Pars pro Toto oder „Mittelwert pro Toto" Setzung bei der qualitativen Analyse wegen der fallorientierten Sichtweise wohl kaum vor. Hier ergibt sich umgekehrt durch die deutlich werdende Individualität und Verschiedenheit der Fälle eher das Problem, überhaupt Subsumierungen unter größere Gruppen oder Typen vorzunehmen.

Der Gewinn an Kontext und Erklärungspotenzial ist allerdings relativ, denn ein leerer, freier Raum für Interpretationen besteht auch bei qualitativen Daten. Dieser Raum entsteht vor allem dort, wo nicht spezifisch genug gefragt worden ist und Kontextinformationen fehlen. Man stelle sich etwa eine an der Veranstaltung desinteressierte Person mit guten Mathekenntnissen vor. Nicht selten wird man Sätze bilden, die einen erheblichen Anteil von Vermutungen und Hypothesen enthalten, etwa so:

„Vermutlich wäre die Person auch durch eine andere Didaktik kaum ansprechbar gewesen, denn ihr gutes Mathewissen (Leistungskurs in der Oberstufe!) hätte sie wahrscheinlich vor dem Zwang, sich auf die Veranstaltung mehr einzulassen, bewahrt."

Weil man in den Interviewtranskripten nur wenige Sätze zum Thema findet, liegt es nahe, zu solchen durchaus plausiblen Extrapolationen und

Vermutungen zu greifen. Im Grunde müsste man aber, um solche Lesarten zu formulieren, stärker in den konkreten Fall einsteigen und unter Umständen auch einen neuen, weiteren Interviewtermin vereinbaren. Die Psychoanalyse und ihre Vorgehensweise lassen erahnen, mit welchem Zeithorizont man es aber letzten Endes hier zu tun haben könnte.

Vermutlich ist es so, dass solche Beschränkungen qualitativer Methoden bei einem knappen Zeitrahmen größer werden. Dennoch ist das Resümee unseres Methodenexperiments – auch bei nur 100 zur Verfügung stehenden Stunden – eindeutig: Eine qualitative Evaluation lässt sich in dieser Zeit bewältigen und die Gewinne sind erheblich. Nicht nur ergibt sich eine andere, fallbezogene Perspektive, sondern es ist die stärkere Prozessorientierung und damit auch das Potenzial zur Verbesserung des Gegenstands der Evaluation, die für eine qualitative Evaluationsstudie sprechen.

Im Verlauf unseres Evaluationsprojektes hat es sich als sehr sinnvoll erwiesen, Fragen des methodischen Vorgehens und der inhaltlichen Interpretation im Rahmen von regelmäßig stattfindenden Teamsitzungen zu besprechen. Solche Teamarbeit scheint uns für eine erfolgreiche qualitative Evaluation außerordentlich wichtig und produktiv zu sein. Moderne QDA-Software (hier MAXQDA) ermöglicht es dabei allen Teammitgliedern, jederzeit und schnell auf alle Texte, Codierungen, Variablen, Case Summarys und Memos zurückzugreifen und dadurch die Zusammenarbeit im Team optimal zu koordinieren.

Durchaus gerechtfertigt ist es, die Frage nach dem Verhältnis von Kosten und Nutzen zu stellen, wobei natürlich die Verbesserung der Qualität universitärer Lehre nur schwer monetarisierbar ist. Was ist im konkreten Fall der Wert einer verbesserten Statistikausbildung, in Arbeitsstunden oder Euro gerechnet? Die bisher meist praktizierten Formen der Lehrevaluationen bleiben fast immer ohne Rückwirkung auf die Lehre. Es scheint, als lasse sich auch durch verbesserte Formen des Zurückmeldens der Ergebnissee an den Dozenten nur ein vergleichsweise geringer Verbesserungseffekt erreichen (Rindermann 2001: 230). Als erfolgreichstes Mittel zur Verbesserung der Lehrqualität durch Evaluation haben sich am ehesten noch Beratungsgespräche mit den Dozenten erwiesen. In einem solchen Beratungsgespräch werden die Evaluationsergebnisse erläutert und das Problembewusstsein der Dozenten wird gefördert. Darüber hinaus werden einige modifizierbare Bereiche ausgewählt und dort konkrete Verbesserungsvorschläge und Handlungsalternativen aufgezeigt. Weiterhin dient die Beratung auch der emotionalen Unterstützung und Motivation (vgl. Rindermann/Kohler 2003: 74 f.). Studien wie die von Rindermann u. a. sowie die daraus resultierenden Empfehlungen lassen jedoch Erkenntnisse unberücksichtigt, die bereits Ende der 1970er Jahre von Rotem (1978) und Rotem/Glasman (1979) formuliert wurden: Auch sie sprechen sich für eine intensive Rückmeldung und Besprechung der Evaluationsergebnisse aus. Das Problem des fehlenden Einflusses von Evaluation auf die Lehre sehen sie jedoch in der Art der Datenerhebung: „Standardized rating scales do not seem to produce useful feedback for the purpose of improving teaching" (Rotem 1978: 317).

Demnach ist es für die Dozenten nicht ausreichend zu wissen, ob die Studierenden zufrieden sind oder nicht. Vielmehr bedarf es des expliziten Wissens darüber, in welchem Bereich und wie genau sie sich verbessern können. Hierfür wird der verstärkte Einsatz offener Fragen und qualitativer Interviews empfohlen, denn: „they could prove more effective as feedback because they possibly contain more diagnostic information for the teacher" (Rotem/Glasman 1979: 507).

3.3 Potenzielle Anwendungsfelder

Über das in dieser Publikation dargestellte Anwendungsbeispiel hinaus scheint es uns prinzipiell ohne größere Probleme möglich, die beschriebene Vorgehensweise auch in anderen inhaltlichen Kontexten anzuwenden. Die folgende, unvollständige Liste stellt einige mögliche Anwendungsgebiete vor:

- Kindergarten: Zufriedenheit der Eltern mit der pädagogischen Arbeit
- Jugendhilfe: Evaluation von Beratungs- und Hilfsangeboten
- Personal- und Organisationsentwicklung: Mitarbeiterbefragungen, Maßnahmen der Personalentwicklung, Begleitung von institutionellen Veränderungsprozessen
- Team- und Gremienarbeit: Evaluation der Arbeit in der Gruppe
- Interventionsprogramme: Evaluation von Maßnahmen, etwa Gewaltpräventionen
- Entwicklungshilfe: Erhebung der Sichtweise beteiligter Gruppen
- Städtebau: Evaluation von Kommunikationsprozessen, Einbeziehung der Bürger

- Marktforschung: Motivation von Kaufentscheidungen, Evaluation von Produkten

Über die genannten Felder hinaus sind auch in zahlreichen anderen Bereichen – etwa Entwicklungszusammenarbeit, Umwelt, soziale Dienstleistungen, Wirtschaft/Wirtschaftspolitik, Bildung, Sport und Gesundheit – Szenarien denkbar, innerhalb derer die Mehrwerte qualitativer Evaluation eine wichtige Rolle spielen würden. Allerdings müssen stets der konkrete Kontext und die jeweilige Situation der Evaluation berücksichtigt werden. Sie sind es schließlich, die maßgeblich bestimmen, ob der Einsatz qualitativer Verfahren sinnvoll ist oder nicht.

Da Evaluationen stark an ihre spezifische Situation gebunden sind, können nicht einfach kontextfrei Anwendungsbeispiele aufgezählt werden. Entscheidend ist vielmehr die Frage, ob der Einsatz qualitativer Verfahren indiziert ist. Einen Anhaltspunkt kann hier die Überlegung liefern, ob eine stärker fallorientierte Sichtweise dem Zweck der Evaluation dienlich ist – was unserer Meinung nach für die o. g. Felder zutrifft. Wird diese Frage mit „ja" beantwortet, so stellt die Integration qualitativer Methoden in das Evaluationskonzept eine sinnvolle Erweiterung dar. Weitere Gegebenheiten, die den Einsatz qualitativer Methoden im Rahmen von Evaluationen indizieren können, sind etwa:

- Die Evaluation sich nicht wiederholender Gegenstände (z. B. einmalig durchgeführte Programme), da hier kaum Zeit für eine sukzessive Verbesserung der Erhebungsinstrumente und deren möglichst erschöpfende und exakte Adaption an den Gegenstand bleibt.
- Die Erzeugung von Spezialwissen, das zu Beginn der Evaluation nicht überschaubar und dessen Richtung nicht direkt absehbar ist.
- Wenn es sich um einen dynamischen Evaluationsgegenstand handelt, der sich bei wiederkehrenden Evaluationen permanent verändert. Statische standardisierte Evaluationen können hier u. U. den Veränderungsprozessen nicht gerecht werden.
- Wenn ein unbekanntes Feld evaluiert werden soll und der Schwerpunkt dabei auf dem Generieren von Wissen liegt.

Der zeitliche Aufwand bleibt dabei überschaubar, wenn man sich bei den einzelnen Schritten diszipliniert (siehe unsere Zeitaufstellung im Kapitel 6, S. 109), eng an den Vorgaben bleibt und die Zahl der Probanden nicht zu groß wählt. Der Zugewinn qualitativer Evaluation liegt dabei vor allem im größeren Prozess- und Detailwissen und der hierdurch möglich werdenden Verbesserungen der Praxis.

Ebenso flexibel wie mit dem Evaluationsgegenstand kann auch mit der Arbeitszeit umgegangen werden. Der auf 100 Stunden festgesetzte Zeitrahmen war ja nicht deshalb so eng gewählt worden, weil unter Beweis gestellt werden sollte, dass die optimale qualitative Evaluation eine ist, die nur 100 Stunden benötigt, sondern es ging um die Probe aufs Exempel, ob auch mit so wenig Ressourcen eine qualitative Evaluation auf die Beine gestellt werden könnte, die einen Mehrwert gegenüber üblichen standardisieren Verfahren erbringt. Mit mehr Stunden hätte man vermutlich die Evaluation durchaus verbessern können, denn es fallen einem auf Anhieb sinnvolle Ergänzungen unseres Evaluationsprojektes ein. Was hätte man mit sagen wir weiteren 50 Stunden machen können?

- Erstens wäre es denkbar gewesen, mehr als zehn Personen befragen zu können. Dies hätte vermutlich das Spektrum der Antworten – und vielleicht auch der identifizierten Grundhaltungen – erweitert.
- Ferner hätte man das Auswahlverfahren für die Befragung mehr in Richtung Theoretical Sampling verändern können, d. h. auf der Basis der ersten Auswertungen theoretisch bestimmen können, wen man im Weiteren befragen sollte.
- Drittens wäre es interessant gewesen, zusätzlich zur Befragung teilnehmende Beobachtungen in Vorlesung, Übung und Tutorium durchzuführen, um so auch unmittelbare Erfahrungen mit der Veranstaltung zu sammeln.
- Schließlich wäre auch eine kommunikative Validierung interessant gewesen, bspw. durch ein oder mehrere Fokusgruppen, denen die Ergebnisse vorgestellt werden.

Auch hier sind sicherlich weitere Ergänzungen denkbar, je nach Rahmen der konkreten Evaluation und der zur Verfügung stehenden Ressourcen. Eben dieses hohe Maß an Flexibilität, verbunden mit weit reichender Offenheit, ermöglicht eine Anwendung qualitativer Evaluation in den unterschiedlichsten Bereichen und unter verschiedensten Rahmenbedingungen.

4. Praktische Details der qualitativen Evaluation

Für alle Leserinnen und Leser, die sich ein detailliertes Bild von der praktischen Arbeit mit und an den Texten machen möchten, ist dieses Kapitel gedacht. So wird es möglich, den Auswertungsprozess vom Transkript übers Codieren bis hin zum Ergebnistext nachzuvollziehen. Als Einstieg findet sich in Kapitel 4.1 ein transkribiertes Interview, deren einzelne Absätze nummeriert sind. Im Abschnitt 4.2 kann man sich das Codieren vergegenwärtigen, denn anhand eines Interviewtranskripts mit visualisierten Codierungen lässt sich erkennen, wie groß z. B. die codierten Textsegmente sind und welcher Code welchem Text zugeordnet ist. Das Herzstück unseres Evaluationsberichtes, die kategorienbasierte Auswertung, finden Sie schließlich in Kapitel 4.3. Hier können Sie die konkreten und detaillierten Erkenntnisse über unseren Evaluationsgegenstand, die Statistikvorlesung, nachlesen – und stoßen vielleicht auch auf das eine oder andere interessante „Schmankerl" zum Thema Lehrevaluation.

4.1 Das Material: Ein transkribiertes Interview

1 Interviewer: So, ich fange einfach mal an. Bitte beschreiben Sie, wie eine typische Statistikwoche bei Ihnen aussieht.

2 Befragte/13. Eine typische Statistikwoche? (I: Ja.) Dass ich eben montags in die Vorlesung gehe und dienstags in die Übung. Und, jetzt dieses Jahr zumindestens war es dann so, dass ich donnerstags eben auch in das Tutorium gegangen bin, aber letztes Jahr war es dann eher so, dass ich geguckt habe: Ach, musst ja jetzt nicht unbedingt hingehen, oder, also .. und, dass ich mir jetzt auch nicht unbedingt, was ich im Nachhinein bereut habe (lacht), die Übungen direkt noch mal angeguckt habe. Also ich habe die, wenn, dann im Tutorium oder in der Übung nur angeguckt und jetzt bin ich dabei, mir das so noch mal anzugucken.

3 I: Zu erarbeiten. (B3: Genau.) Also Sie gehen montags in die Vorlesung und dienstags in die Übung und donnerstags ins Tutorium. (B3: Genau.) Also drei Tage der Woche gehören der Statistik schon mal, so ungefähr.

4 B3: Genau. Also zumindestens dieses Jahr und letztes Jahr waren es eher zwei.

5 I: Ja, es geht aber auch um dieses Jahr. Das Letzte brauchen Sie gar nicht (B3: Okay, alles klar) groß sich irgendwie in Erinnerung rufen. Also, besuchen Sie Arbeitsgruppen? Selbst, haben Sie irgendwie einen Freundeskreis oder einen Bekanntenkreis, in dem Sie was lernen, sich treffen?

6 B3: Ja, ja, jetzt, aber jetzt zur Klausur hin eben. (I: Ah ja) Ja, leider vorher auch nicht (lacht).

7 I: Treffen Sie sich regelmäßig?

8 B3: Nee, eben jetzt drei oder vier Mal haben wir uns getroffen.

9 I: Ah so. Termine ausgemacht und zu denen dann getroffen. (B3: Genau, genau.) Und wie ist das so vom Arbeiten her? Ist die Vorlesung gut oder Vorlesung nicht so gut, Übung gut, nicht so gut? Also rein von Ihrem Arbeiten her. Wo lernen Sie viel? Wo können Sie gut lernen? Kommt Ihnen eine Veranstaltungsform mehr entgegen, also ist Ihnen die Arbeitsgruppe mit den Freunden lieber als das Tutorium oder als die Übung oder die Klausur oder ...

10 B3: Ach so, also ich finde das Tutorium, ich lerne am meisten in dem Tutorium, weil ich die Zusammenhänge besser erkenne, ich bin bei der Tutorin, bei der Mareike, ich weiß nicht, und ich finde, dass die einen Zusammenhang ziemlich, also gut bildlich darstellen kann und das ist, was mir hilft, etwas zu verstehen und ich finde es sehr schwierig, also ich habe immer das Gefühl, dass diese, dass die Vorlesung so gehalten wird, als .., dass man etwas in kurzer Zeit einfach aufnimmt, aber nicht unbedingt inhaltlich versteht, so. Und ich finde, dass bei der Vorlesung dieses inhaltliche Verstehen zu kurz kommt. Und ja, das macht mir Schwierigkeiten, also dass ich deswegen in der Vorlesung auch nicht unbedingt was verstehe oder wenn, dann immer nur so ein bisschen was verstehe und erst im Nachhinein denke: Ach so, ach ja. Also dann gehen mir dann sogar ganze Kronleuchter auf (lacht).

11 I: Hilft da denn die Übung weiter auch?

12 B3: Also die Übung jetzt dann am Dienstag? (I: Ja, genau.) Nee, die trägt nicht unbedingt dazu bei, das zu verstehen. Es trägt dazu bei, bestimmte Dinge anzuwenden. Aber man versteht es nicht.

13 I: Okay. Also das Tutorium ist dann das ...

14 B3: Ja, genau. Also das, wo man irgendwie sich das Verständnis so erarbeitet, genau.

15 I: Ah ja. Und die Arbeitsgruppe ist jetzt noch mal gezielt das Aufarbeiten von Problemen wahrscheinlich, ne? (B3: Genau, genau.) Ja, das kenne ich auch noch. (lacht) Ja. Wie fühlen Sie sich denn dabei? Das steht hier als Frage. Ein bisschen blöd formuliert. Wie ist denn Ihre Einstellung gegenüber der Statistik? Positiv oder negativ, ist es zu viel Stoff, zu wenig Stoff, Angst vorm Thema?

16 B3: Also meine Einstellung dazu hat sich jetzt mit der Klausur wirklich geändert, weil, ich das eben selber für mich noch mal durchgegangen bin und jetzt mir bestimmte Zusammenhänge aufgehen, und ich denke: Ach, das ist ja doch interessant. Also wie man bestimmte Dinge berechnen kann oder wie man auch Sachverhalte ineinander, also miteinander in Vergleich stellen kann und so. Und ich denke, dass es nicht .. unwichtig ist, das vielleicht zu können später, also .. irgendwie.

17 I: Ja klar. Irgendwo muss das Wissen ja herkommen, auf das man sicht stützt. (B3: Ja.) Man kann ja nicht nur zugucken und irgendwie handeln, ne?

18 B3: Genau. Genau, und deswegen dachte ich, also wäre es vielleicht eigentlich ganz gut, das wirklich inhaltlich zu verstehen.

19 I: Haben Sie Angst davor? Vor der Klausur, oder ...

20 B3: Ich habe Angst vor der Klausur, ja. Also, ich habe Angst vor der Klausur, weil ich oft über Definitionen stolpere, die ich dann nicht parat habe und dann nicht weiß, und dass ich dann an der Definition festhänge (I: Okay.) und dadurch einfach Schiss bekomme.

21 I: Ja, das ist nachvollziehbar. Also die Stoffmenge?

22 B3: Die Stoffmenge. Also, ich würde halt, also wenn ich jetzt dieses Curriculum entscheiden könnte, dann würde ich das auf mehrere Semester aufbauen und das noch in die Tiefe, also so, dass das Verständnis auch und dass es auch mit praktischer Arbeit mehr verknüpft wird als dieses, dieser eine Versuch, den wir da gemacht haben, also dieses eine Projekt. Also da versteht man zwar einen Teil, aber auch nicht <u>so</u> viel. Weil die Arbeitsgruppen auch groß sind.

23 I: Das wird wahrscheinlich dann im Hauptstudium mehr kommen, da kann ich Sie beruhigen. (B3: Ach so) Also da muss man einen Methodenschein machen sowieso (B3: Ach ja) und da gibt es dann ... ob man direkt ... es gibt Studien z. B., die man machen kann. Also wir haben jetzt, Studierende haben die Abschlussbefragung der Absolventen gemacht, z. B. also eine Studie von vorne bis hinten durchbetreut. (B3: Ach so, okay.) Aber fürs Grundstudium ist nur diese Einführung vorgesehen. Also wie immer.

24 B3: Ach so. Ja, es heißt ja auch nur Einführung. Stimmt, ja.

25 I: Wie ist es denn mit der Veränderung? Ist Ihre Teilnahme an den Sachen übers Semester gleich geblieben? Sie haben beschrieben, dass die Arbeitsgruppe gegen Ende des Semesters erst dazu kam, aber Tutorium, Vorlesung und Übung, die haben Sie übers ganze Semester regelmäßig besucht? Oder am Anfang mehr und dann weniger? Oder andersherum?

26 B3: Also am Anfang, sehr oft, zwischendurch ist es mal so ein bisschen eingebrochen und dann jetzt zur Klausur hin wieder regelmäßig.

27 I: Und Sie sind dann immer entweder in Vorlesung und Übung gegangen oder hat sich das dann irgendwie so ...

28 B3: Nö, ich bin in beides gegangen. (I: Okay.) Also das finde ich auch sinnvoll.

29 I: Ja. Also einfach ein Einbruch in der Mitte so (B3: Ja, so ein Einbruch, wo ich dann ...) Richtung Weihnachten wahrscheinlich.

30 B3: Ja, genau, Richtung Weihnachten, da denke ich: Ach komm, das kann ich mir diesmal schenken, dann guck ich es mir im Reader an oder so.

31 I: Ja. Wie beurteilen Sie rückwirkend die Veranstaltungen? Also erstmal die Vorlesung.

32 B3: Die Veranstaltungen. Also ich finde es, also ich finde Herrn Muster sehr nett, aber trotzdem finde ich es sehr schwierig, ihm zu folgen, weil er immer in so einem gleich bleibenden Ton spricht und das wirkt ein bisschen einschläfernd. Und deswegen hat man Probleme, dem Ganzen zu folgen. Ja, also, und ich hatte eben schon mal gedacht, ob es vielleicht leichter ist, das Ganze mit anderen Medien noch aufzupeppen so. Also dass man irgendwie leichter dabeibleiben kann.

33 I: Also mehr Abwechslung letztlich.

34 B3: Ja, so mit so einem kleinen Film oder Bild oder was weiß ich denn.

35 I: Das ist die Vorlesung. Und die Übung?

36 B3: Die Übung. Also die Übung finde ich an sich nicht schlecht. Ich finde, vielleicht könnte man, also wenn es möglich ist, vielleicht kann man diese Übung auf zwei Gruppen aufteilen und dann könnte man die Fragen, die dann entstehen, eher noch durchgehen, als so in diesem großen Raum, also in der großen Gruppe ist das wahrscheinlich schwierig.

37 I: Schwierig, ja. Tutorium?

38 B3: Also das fand ich sehr gut.

39 I: Hat viel geholfen?

40 B3: Ja.

41 I: Haben Sie Verbesserungswünsche? Ganz allgemein, Vorschläge, Anregungen.

42 B3: Also das, was ich jetzt so zwischendrin gesagt habe.

43 I: Diese Aufteilung und Medienanreicherung mehr.

44 B3: Genau, genau. Also so zum inhaltlichen und ich dachte eben, dass wenn es jetzt auf mehrere Semester aufgeteilt wäre, dachte ich, wäre es vielleicht praktischer, oder so, dass man das tiefer macht. Aber es ist ja eben nur eine Einführung in die Statistik.

45 I: Ja, ja. Wird sich wahrscheinlich alles irgendwie ändern mit dem Bachelor und Master. Muss man mal sehen, ja. Aber da haben Sie ja nichts mehr mit zu tun.

46 B3: Nö. Aber bin ich, glaube ich, ganz froh drum.

47 I: Ja, jetzt kommt eine Frage, die Sie schon fast beantwortet haben: Wie bereiten Sie sich auf die Klausur vor?

48 B3: Ja, eben in das Tutorium gehen und ich arbeite den ganzen Reader noch mal durch und mache dabei die Übungen und mache eben die Übungszettel noch mal und bespreche mich dann in der Gruppe mit den Leuten.

49 I: Und der Reader, hat der Ihnen geholfen irgendwie?

50 B3: Ja, der Reader hat mir schon sehr geholfen. Also manche Dinge sind nicht so ganz genau, also nicht so ganz klar, und da findet man aber oft Antworten auf anderen Seiten, die zwar jetzt nicht unbedingt dazu gehören. Zum Beispiel hatte ich gestern Schwierigkeiten mit Chi-Quadrat und habe dann irgendwie bei der, vor der Kovarianz noch mal eine Seite gefunden, wo noch mal Chi-Quadrat ausgerechnet wurde, um also den einen Schritt vor dem Anderen zu machen, und dann dacht ich: Okay, jetzt weiß ich es.

51 I: Aber so an sich, der Reader ist sinnvoll und gut?

52 B3: Ja, doch, finde ich schon.

53 I: Gut. Dann das Letzte: Welche Note erwarten Sie in der Klausur?

54 B3: Oh Gott. (lacht) Das ist ja eine Frage! (I: Ja, die ist ...) Ich erwarte, das Durchkommen! (lacht)

55 I: Das ist mir, also mindestens eine Vier, und alles Bessere ist Gut, so ungefähr.

56 B3: Ja, genau, genau.

57 I: Alles klar. Das war es von uns. Danke, dass Sie mitgeholfen haben und viel Erfolg.

58 B3: Ja. Nichts zu danken.

4.2 Die Codierung: Ein codiertes Interview

1 Interviewerin: Also, bitte beschreiben Sie wie eine typische Statistikwoche bei Ihnen aussieht.

2 Befragte/r4: Eine typische Statistik-Woche ist, ja, man steht Montagsmorgen auf, um sich zur Uni zu begeben und dann ist halt die Veranstaltung um 14 Uhr (I: Mhm, die Vorlesung?) die Vorlesung ja. Vorher trifft man sich ja meistens schon eine halbe Stunde vorher im Hörsaalgebäude und, ja und es war sogar schon häufig so, dass man dann vorher schon mal besprochen hat, was denn so dran kommen könnte (I: Ja.) und eigentlich geguckt hat, so wie viele Folien es denn wohl sind und wie lang das dauern wird. Also es wurde schon so ein bisschen sich das angeguckt. Ja und dienstags war es dann häufig so, also dienstags bei der Übung, dass dort viel mehr waren, viel mehr Teilnehmer waren und ich also auch da regelmäßig teilgenommen, also jede Woche da war, weil die für mich persönlich sehr viel wichtiger war, (I: Ja.) alleine schon wegen der Übungszettel, (I: Ja.) die man gekriegt (kurzes lachen) und dass man das halt mit den anderen direkt damit zusammen besprechen konnte, also die Übung wurde häufig zusammen durchgeführt und was wir in der Vorlesung hatten, hat man da sozusagen vorgelesen bekommen. (I: Ja.) Und in der Übung konnte man das halt dann direkt vergleichen und es dann halt überarbeiten. Und so den Rest der Woche hat man dann halt die Übung aus dem Reader noch gemacht, die ist halt auch sehr wichtig und im Internet halt die Ergebnisse sich geholt.

Lernen außerhalb der Veranstaltungen

3 I: Ahja, okay. Und was besuchen Sie dafür und was lesen Sie dafür und wen treffen Sie dafür? Also zum Beispiel die Vorlesung, Übung, Tutorium, Arbeitsgruppen.

4 B4: Also wir haben die Vorlesung alle zwei Wochen mindestens, die Übung da war ich immer, weil das halt wie gesagt das für mich wichtigere war, im Tutorium war ich am Anfang aber habe mich dann dagegen entschieden, weil es mir persönlich angenehmer war, was ich dann in den Übungen (I: Ja.) gemerkt habe mit

Teilnahmeverlauf an den Veranstaltungen

Arbeitsgruppen zu arbeiten, also nicht mit einem sozusagen wieder so einen Lehrenden zu haben, (I: Okay) sondern, so dass es halt in der Gruppe, dass halt der eine kann das, der andere kann das und dass es dann zusammen gemacht wird.

Lernen außerhalb der Veranstaltungen

5 I: Mit den Studierenden und sind die Arbeitsgruppen, habt ihr euch die selber zusammengesucht oder habt ihr vorher fertige feste Arbeitsgruppen schon eingeteilt bekommen?

6 B4: Nein, wir haben die selber zusammengesucht mit den, das hat sich so aus der Einführungswoche ergeben. (I: Ahja okay, von der OE-Woche.) Ja von der OE.

7 I: Ahja, okay. Und ja, wie fühlen Sie sich dabei, also gibt es positive oder negative Einstellungen gegenüber Statistik oder haben sie irgendwie Angst vor dem Thema (lachen von B) oder finden Sie, dass es zu viel Stoff ist, oder?

Individuelle Voraussetzungen und Vorerfahrungen

Bewertung von Veranstaltung und Inhalt

8 B4: Also Angst hatte ich vorher, ja. Wobei, weil mein Vater, der hat auch studiert. Zwar nicht Pädagogik, aber der kennt welche, die Pädagogik studiert haben und hat mir halt, als ich ihm erzählt habe, ich will das machen, hat er mir schon jahrelang erzählt, „ja denk dran erstes Semester da Statistik, das ist reinste Mathematik, freu dich drauf" und da habe ich richtig Angst, aber das hat sich, also, es ist schon nicht einfach, also man darf jetzt nicht denken man kommt daher und packt das ganz leicht, aber es ist nicht so, dass es unschaffbar ist, ich meine ich bin jetzt nicht das Mathe-Ass gewesen, aber wenn man sich da wirklich hinter setzt und man weiß, wo man die Formeln anwenden muss, dann ist es noch einfacher als wirklich Mathe, also es ist jetzt nicht viel komplizierter. Die Definitionen sind ein bisschen, muss man sich halt daran gewöhnen, man muss jetzt wissen, was ordinal und nominal, also das ist schon ... Und insgesamt stehe ich dem eigentlich ganz positiv gegenüber, also es ist sicherlich wichtig ich fand auch das Projekt, das wir machen mussten am Anfang kam mir das so vor wie so eine Beschäftigung halt, dass wir mal gucken einfach mal, dass wir irgendetwas gemacht hatten, damit

das sozusagen so ein bisschen seine Daseinsberechtigung hat, aber am Ende hat es dann doch ein bisschen Spaß gemacht, weil man doch durch die Fragebögen und so weiter dann, wenn man dann ein Ergebnis raus hat und hat das Ergebnis überprüft und so weiter, dann war das doch schon relativ spannend was man da überhaupt überprüft hatte und so. Und also, ich fand es eigentlich eine ganz gute Sache.

9 I: Also hat sich das ja auch dann für dich im Laufe des Semesters verändert, die Einstellung, die vorherige Einstellung.

10 B4: Ja auf jeden Fall.

11 I: O.k und wie beurteilen Sie rückwirkend die Veranstaltungen? Also Sie können jetzt alle Veranstaltung sagen, also die Vorlesung, die Übung und das Tutorium?

12 B4: Also das Tutorium, das fand ich langweilig, weil ich da auch nur einmal war, das war wie gesagt nichts für mich, also jetzt sicherlich werde ich später noch Tutorien besuchen, aber in Statistik erschien es mir nicht so notwendig und wie gesagt es war mir persönlich wichtig, nicht nochmal so einen Lehrenden zu haben wo man auch, da arbeitet man zwar stark mit, aber ich hab es halt lieber in solchen Arbeitsgruppen, wo man halt sozusagen gleichberechtigt ist, ohne da jetzt den Tutorien irgendwie was schlechtes anzureden. (I: Ja, klar.) So die Vorlesung war halt, ja also ich fand es. Manchmal bin ich gerne hingegangen, also gerade in den ersten Vorlesungen war es sehr, sehr gut, die Definitionen einfach, ja dass man das vorerzählt bekommt und auch Beispiele, was später dann sich ein bisschen änderte, weil diese ganzen Formeln, das fand ich für mich persönlich einfacher, die zu Hause durchzugehen und mir das zu Hause allein vorzustellen, also sozusagen nochmal für mich aufzuschreiben als es vorgelesen zu bekommen. Deswegen war ich bei der Vorlesung dann später, als die ganzen Formeln kamen, nicht mehr so häufig, also alle zwei Wochen, jetzt zum Ende hin nochmal häufiger, weil es ja noch ein paar Sachen dazukamen wo ich dann doch noch mal über hören wollte, wie das ganz genau ist und

Lernen außerhalb der Veranstaltungen

Bewertung von Veranstaltung und Inhalt

das Beste die Übung halt, die war wirklich gut. Also die Übungszettel fand ich gut, die waren sehr gut strukturiert und man konnte gut mit den anderen das zusammen durchgehen und vor allen Dingen gab es immer reichlich, dass man sich noch einen leeren mit nach Hause nehmen konnte, das heißt, wenn man jetzt die von ganz vom Anfang bearbeitet, dann hat man das schon fast wieder vergessen sozusagen und kann die nochmal durchgehen die Aufgaben und es war wirklich sehr angenehm. Also insgesamt fand ich die Veranstaltung sehr gut und ich sag mal so, also der Herr Professor Muster ist auch ein sehr, sehr sympathischer Mensch (I: (lachen)) gewesen also, also es war schon sehr angenehm.

13 I: Okay, gut und haben Sie vielleicht Verbesserungswünsche oder Anregungen für die ganzen Veranstaltungen oder so?

Verbesserungsvorschläge

14 B4: Also es ist jetzt für mich ein bisschen schwierig, weil ich bin jetzt ein Semester hier und ich weiß nicht, also es ist ein bisschen, also ich weiß jetzt nicht, ob ich da was sagen sollte oder kann überhaupt. Also wie gesagt, wie fand es gut die Sachen. Die, die mir nicht gefallen haben, das sind ja so Sachen, die mir, die jetzt nicht so allgemein verändert werden müssen, wie zum Beispiel das mit dem Tutorium oder Vorlesung das ist ja so, also ich habe jetzt nicht so wirklich einen Verbesserungsvorschlag.

15 I: Okay, ja. Und beschreiben Sie bitte mal, wie Sie sich noch auf die Klausur vorbereiten?

16 B4: Ja wir arbeiten also schon seit der Übungsklausur, die am Ende des, vor den Weihnachtsferien geschrieben wurde, seitdem haben wir zusammengearbeitet in der Arbeitsgruppe intensiver und haben das wirklich uns alles angeguckt und nochmal die Übungen durchgegangen und hier und da Aufgaben versucht uns zu stellen und so weiter. Ich werde jetzt, also jetzt sind es ja noch sechs Tage bis zur Klausur, da werde ich jetzt nochmal intensiv den Reader wirklich nochmal Kapitel für Kapitel durchgehen, mir nochmal damit ich vor allem weiß,

wo ich was finde, wenn ich später nachschlage, das werde ich mir auch im Inhaltsverzeichnis noch ein bisschen deutlicher aufschreiben und am Wochenende wird dann halt intensiv gelernt nochmal mit der Gruppe, also das wird dann nochmal richtig anstrengend, aber dann hoffe ich, dass es eigentlich so gehen wird.

17 I: Okay. Und die Vorbereitung, wenn du durch diese ganzen Kapitel nochmal gehst vom Reader, machst du das allein oder machst du das auch noch mit jemanden zusammen, oder?

Lernen außerhalb der Veranstaltungen

18 B4: Also, beides eigentlich, also ich mache es alleine, schon allein, um halt mir das selber nochmal klar zu machen und dann halt mit den anderen zusammen, um halt nochmal Beispielaufgaben zu rechnen oder mir das nochmal von anderen vorrechnen zu lassen, wenn ich es wirklich nicht verstehe, was da jetzt irgendwie Sache ist, also es ist beides sozusagen.

19 I: Und wirst du dir noch irgendwie Literatur zusätzlich noch besorgen oder also zum Beispiel den Bortz oder das erstmal gar nicht?

20 B4: Mit dem Bortz, den haben wir uns zusammen geholt, also wir haben den zusammen rumgereicht sozusagen, dass jeder, der mal Fragen hatte, weil der relativ teuer ist, das ist ja leider das Problem und ich werd den jetzt erstmal jetzt nicht besorgen, weil ich brauche den jetzt nicht mehr für die Klausur und wenn ich den später nochmal wirklich brauchen sollte, dann werde ich mir ihn sicherlich besorgen. Weil es an sich ein gutes Buch, weil es ist sehr sehr, sehr gut geschrieben, also ist sehr verständlich.

21 I: Okay. Und welche Note erwarten Sie in der Klausur?

Erwartung Klausurnote

22 B: Ja, ich habe vorhin schon gesagt, als der Professor mich fragte welche Note ich erwarte, da habe ich gesagt, die Note ist für mich nicht so wichtig, für mich sind 60% wichtig. (I: (lachen). Okay) Also von mir aus, ich weiß was ist das dann, eine vier Komma null oder (I: Ja, eine vier null) also vier null und aufwärts (lachen).

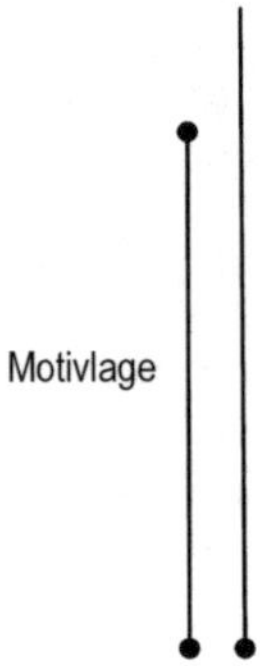

23 I. Also Hauptsache bestanden, oder?

24 B4: Also für mich ist erstmal wichtig, das zu bestehen, weil es ist ja, man muss es ja man hat, ich möchte es nicht unbedingt im dritten Semester nochmal machen, weil ich im dritten Semester richtig, also sehr viel machen werde und das ist schon mal schlecht und deswegen ist es jetzt für mich wichtig, das jetzt zu bestehen, und ich werd mich auch gut drauf vorbereiten und hoffe ja, dass also eine drei vor dem Komma schon steht (I: Ja, okay.) auf jeden Fall.

25. I: Ja gut. Dankeschön, das war es schon (B4: das war's? (Lachen)) und freue mich, dass du mitgeholfen hast.

26 B4: Kein Problem.

27 I: Gut, okay danke.

4.3 Das Ergebnis: Kategorienbasierte Auswertung als Herzstück der qualitativen Evaluation

1. Die Vorerfahrungen und Voraussetzungen der Studierenden

Auf Basis der Schulnoten lässt sich nicht unbedingt auf eine typische Abneigung der befragten Pädagogik-StudentInnen gegenüber Mathematik schließen. Immerhin haben sechs der zehn Befragten Mathematik im Abitur mit „gut" oder „sehr gut" abgeschlossen und nur zwei mit „ausreichend". So beschreiben die Befragten auch nur selten bestimmte negative Vorerfahrungen mit Mathematik oder Statistik.

Bei vier Befragten wird deutlich, dass die Statistikveranstaltung teilweise Bedenken auslöst. Hierbei ist aber, entgegen einer möglichen Vermutung, kein Zusammenhang zwischen einer schlechten Abiturnote in Mathematik und geäußerten Bedenken zu erkennen:

> *„B9: Also, es hat sich so ein bisschen verändert im Verlauf. Also am Anfang hatte ich auch große Vorbehalte. Statistik das muss man schnell abhaken, bloß durch. Und am Anfang habe ich, weil da auch so viel neu war, habe ich gedacht ach du Schande." (B9, 14)*

„B5: All diese Vorurteile und Bedenken hatte ich anfangs, also zu viel, zu schwierig zu begreifen, zu komplex und bin da mit so einer Abneigung rein gegangen [...].“ (B5, 12)

Bei einer Person zeigt sich explizit auch Angst, obwohl sie mit der Note „befriedigend“ keine schlechten Voraussetzungen mitzubringen scheint. Dieses Gefühl wurde als Vorurteil aus den Erfahrungen der Eltern mittransportiert. Statistik, so zeigt es sich in dieser Aussage, wird als angstbesetzte Hürde erlebt, als eigentlich fachfremdes und notwendiges Übel:

„B4: Also Angst hatte ich vorher, ja. Wobei, weil mein Vater der hat auch studiert. Zwar nicht Pädagogik, aber der kennt welche, die Pädagogik studiert haben und hat mir halt, als ich ihm erzählt habe, ich will das machen, hat er mir schon jahrelang erzählt, ‚ja denk dran erstes Semester da Statistik, das ist reinste Mathematik, freu dich drauf‘ und da habe ich richtig Angst [...].“ (B4, 8)

2. Teilnahmeverlauf an den drei Veranstaltungsteilen

Eine Hälfte der Befragten hat einen sehr ähnlichen Wochenablauf, der sich über das Semester hin ändert. Montags gehen diese Studierenden in die Vorlesung, dienstags in die Übung und nach einiger Zeit, vor allem zur Mitte des Semesters, wenn es mehr zu rechnen gibt und die Klausur in greifbarere Nähe rückt, gewinnt auch das Tutorium an Attraktivität und wird regelmäßig besucht. Wer ins Tutorium geht, kann sich z. B. die Nachbereitung der Vorlesung ersparen (B1, 13-14) oder kann Fragen klären, für die weder Vorlesung noch Übung den richtigen Rahmen bieten:

„B5: Das Tutorium bin ich eigentlich nach so ein paar Wochen drauf gekommen, da auch mal hinzugehen und das fand ich auch ziemlich hilfreich, einfach weil man da nochmal Fragen stellt, die man sich so in der Vorlesung nicht traut und weil's da auch nochmal mit, mit anderen einfacheren Wörtern erklärt wird und es ist eine andere, eine andere Atmosphäre einfach.“ (B5, 18).

Es findet sich also eine klassische Dreistaffelung: In der Vorlesung hört man etwas Neues, in der Übung beschäftigt man sich intensiver damit, das Neue wird verständlicher. *„Und dann richtig zusammen kommt alles dann im Tutorium [...]“* (B9, 8), das insgesamt sehr positiv beurteilt wird.

Das Tutorium dient z. B. als drittes Sicherheitsnetz, denn *„[...] falls ich dann in der Vorlesung und in der Übung irgend etwas nicht verstanden habe, dann habe ich es auf jeden Fall im Tutorium verstanden“* (B1, 30). So ist es auch nicht verwunderlich, dass bei diesem Teilnahmeverlauf neben dem Reader keine weitere Literatur herangezogen wird. Die Befragten fühlen sich wahrscheinlich für eine erfolgreiche Klausur ausreichend vorbereitet.

Die andere Hälfte der Befragten kombiniert die Module der Lehrveranstaltung sehr individuell und zieht auch häufiger ergänzende Literatur zu Rate. Eine Befragte beispielsweise stellt sich als klassische Selbstlernerin dar. Sie besuchte zwar am Anfang noch häufig Vorlesung und Übung, reduziert dann die Besuche aber stark und nutzt die Übung in erster Linie, um sich den Übungszettel mitzunehmen. Sie lernt stattdessen mit ihren Unterlagen zu Hause, wozu unter anderem die Übungsaufgaben aus dem Netz gehören, aber auch das Statistik-Grundlagenbuch zur Veranstaltung, der „Bortz", den sie komplett durchgearbeitet hat.

Zwei weitere Befragte nehmen zwar relativ häufig an der Vorlesung und der Übung teil, besuchen jedoch nicht das Tutorium. Dafür lesen sie im Bortz, verwenden ihn zum Nachschlagen insbesondere zur Vorbereitung auf die Klausur.

> *„B6: Also wir haben unsere Freundinnen Arbeitsgruppen gebildet, wo wir dann hauptsächlich für die Klausur geübt haben, Tutorium (I: Ja?) war ich nicht.*
>
> *I: Ahja, okay und was lesen Sie (...) dafür noch?*
>
> *B6: Den Bortz lese ich und was war das andere Buch? Er hatte uns noch ein anderes Buch angegeben, Einführung in die Statistik oder so was, das lese ich auch noch." (B6, 4-6)*

Die restlichen zwei Befragten waren anfangs häufiger in der Vorlesung, dann seltener. Sie besuchen die Übung, in der die eine Studierende zumindest einen Übungszettel holt, und seit Mitte des Semesters auch das Tutorium – zumindest gelegentlich.

Festzuhalten bleibt, wenn irgendwo am Besuch von Veranstaltungsteilen „gespart" wird, dann in erster Linie bei der Vorlesung und weniger bei der Übung, denn letztere wird im Zweifelsfall als wichtiger eingestuft. Diese Ergebnisse bestätigen sich auch bei einem Blick in die begleitende Fragebogenerhebung der zehn Studierenden. Wie die folgende Tabelle zeigt, hat sich bei sieben Personen die Teilnahme an den Veranstaltungen im Laufe des Semesters verändert.

	Vorlesung	Übung	Tutorium	Teilnahme verändert?
B1	sehr häufig	sehr häufig	mind. in jeder 2. Woche	ja
B2	selten	mind. in jeder 2. Woche	sehr häufig	ja
B3	sehr häufig	sehr häufig	selten	ja
B4	mind. in jeder 2. Woche	immer	selten	nein
B5	immer	immer	sehr häufig	nein
B6	sehr häufig	sehr häufig	nie	nein
B7	mind. in jeder 2. Woche	mind. in jeder 2. Woche	mind. in jeder 2. Woche	ja
B8	sehr häufig	immer	mind. in jeder 2. Woche	ja
B9	immer	immer	sehr häufig	ja
B10	mind. in jeder 2. Woche	sehr häufig	selten	ja
	Vorlesung	Übung	Tutorium	
B1	gleich geblieben	gleich geblieben	nehme häufiger teil	
B2	nehme seltener teil	gleich geblieben	nehme häufiger teil	
B3	nehme seltener teil	gleich geblieben	nehme häufiger teil	
B4				
B5				
B6				
B7	nehme seltener teil	nehme seltener teil	nehme häufiger teil	
B8	gleich geblieben	gleich geblieben	nehme häufiger teil	
B9	gleich geblieben	gleich geblieben	nehme häufiger teil	
B10	nehme seltener teil	gleich geblieben	nehme häufiger teil	

Tab. 11: Der Verlauf der Teilnahme an den Veranstaltungen

Der Nenner, auf den sich die unterschiedlichen Teilnahme- und Lernverläufe bringen lassen, ist eine Art individuelle Akkomodierung, d. h. man findet einen für sich gangbaren Weg, der häufig auch unter dem Vorzeichen der Sparsamkeit gewählt wird. Hier spielen dann auch die eigenen Aspirationen eine Rolle. Man empfindet die Veranstaltung beispielsweise als *„unangenehmes Pflichtprogramm“* (B10, 16) und sucht den rationellsten Weg, möchte sich unnötige Zeit und Arbeit ersparen. Typisch ist hierfür etwa die Verhaltensweise von zwei Befragten, sich nur kurz den Übungszettel „abzupflücken“ und dann aus der Übung wieder zu verschwinden oder noch einfacher: sich den Übungszettel mitbringen zu lassen. Zudem beeinflusst natürlich auch die eigene Lernpräferenz, welche Veranstaltungen die Studierenden besuchen oder besser gesagt welche sie nicht besuchen, denn *„[...] ich kann mich aber daheim besser konzentrieren"* (B2, 2).

3. Lernen außerhalb der Veranstaltung

Das Lernverhalten außerhalb der Veranstaltung verändert sich bei den Befragten im Laufe des Semesters.

Zu Beginn und in der Mitte des Semesters finden sparsame Vor- und Nachbereitungsaktivitäten der StudentInnen statt. Es werden beispielsweise Inhalte *„[...] je nachdem, was ich verstanden habe bzw. nicht verstanden nach Belieben [...]"* nachgearbeitet (B6, 2); *„[...] den Übungszettel mitgenommen [...]"* und zu Hause durchgelesen (B2, 2); *„[...] die Sachen auch noch mal [...]"* angeschaut (B5, 2) und *„[...] nur die Lösungen, die Herr Muster dann vorgelesen hat, aufgeschrieben [...]"* (B10, 28).

Auch das Interesse an der und die Motivation für die Bildung von Lerngruppen sind bei den Befragten in dieser Zeit begrenzt vorhanden. Eine Studierende hat sich beispielsweise mit einer Lerngruppe *„[...] einmal getroffen, aber es waren halt Mädels, und da macht man halt alles andere als Statistik lernen"* (B2, 12). Ein weiterer Befragter kommt meistens eine halbe Stunde vor der Vorlesung im Hörsaalgebäude mit Kommilitonen zusammen, um *„[...] schon so ein bisschen sich das [...]"* anzugucken (B4, 2).

Des Weiteren geben zwar acht von zehn Studierenden an, im Veranstaltungsreader zu lesen, doch nur drei Befragte setzen den Grundlagentext „Bortz" als ergänzende Literatur ein und eine dieser drei Personen außerdem eine andere *„Einführung in die Statistik"* (B6, 6).

In der Phase gegen Ende des Semesters, die davon gekennzeichnet ist, dass die Klausur in greifbare Nähe rückt, ist bei den Befragten eine Veränderung des Lernverhaltens außerhalb der Veranstaltung feststellbar.

Bezüglich ihrer Vorbereitungsmaßnahmen auf die Klausur geben die Befragten an, den Veranstaltungsreader durchzuarbeiten, die enthaltenen Aufgaben zu lösen und sich den Übungszetteln aus den Übungen zu widmen:

> *„B9: Ich gehe also Kapitel für Kapitel durch und mache dann immer dazu, also ich habe mir dann die Sachen runter geladen, die Lösungen und die Übungen und mache dann zu jedem Kapitel halt die Übungen aus dem Reader und dann noch die Übungszettel." (B9, 60).*

Darüber hinaus werden von zwei Studentinnen und Studenten zur besseren Orientierung Inhaltsverzeichnisse im Veranstaltungsreader angelegt. Ein Befragter rechnet die Probeklausur erneut durch und ein weiterer Studierender bearbeitet zur Vorbereitung Klausuren aus den Jahren 1999 und 2000.

Weiterhin geben alle zehn Befragten an, in der Phase der Klausurvorbereitung in Lerngruppen gearbeitet zu haben. Dabei reicht die Variationsbreite von einem Treffen *„[...] am Donnerstag jetzt vor der Klausur [...]“* (B2, 12) über die sporadische Befragung einer Freundin *„[...] falls irgendwelche Verständnisfragen noch mal auftauchen [...]“* (B1, 36) und Treffen in einer Lerngruppe zu zweit (B9, 62-64) bzw. in einer *„Vierergruppe“* (B10, 76) bis hin zu einer Art Privattutorinnentätigkeit einer Teilnehmerin, die ihrem *„[...] Freund das alles erklärt [...]“* (B7, 20).

Bezüglich der Benutzung von Literatur ändert sich im Laufe des Semesters, dass alle Befragten den Veranstaltungsreader zur Vorbereitung auf die Klausur verwenden, indem sie ihn durcharbeiten, sich Notizen zu den Inhalten machen und ihn nicht nur, wie am Anfang und in der Mitte des Semesters, durchlesen.

Lediglich das Verhältnis der StudentInnen zu weiterführender Literatur wandelt sich in dieser Phase nur geringfügig: Vier Personen geben an, den Bortz zum Nachschlagen zu benutzen, nur eine Befragte arbeitet ihn komplett durch.

4. Erwartungen hinsichtlich der Klausurnote

„Welche Klausurnote erwarten Sie?“ Dies haben wir die Studierenden zum Abschluss des Interviews gefragt und es zeigt sich, dass die Erwartungen insgesamt eher bescheiden ausfallen. Für vier der zehn Befragten geht es primär ums Durchkommen und das Motto lautet: *„also vier null und aufwärts“* (B4, 22). Die Hälfte der Befragten lokalisiert sich im mittleren Bereich und hofft – gepaart mit wenig Ehrgeiz –, dass die Klausurnote zwischen zwei und drei liegt. Unter allen zehn befragten Personen ist nur eine einzige, die eine gute Note erwartet.

> *„B7: Na ja, eine Zwei vielleicht? Wird sich ja noch herausstellen. (lacht)“ (B7, 22)*

Dies sagt interessanterweise eine Studentin, die einem anderen Teilnehmer den Inhalt der Statistikveranstaltung näher gebracht und sich als eine Art

Privattutorin betätigt hat und daher anscheinend besonders gut lernen kann, wenn sie den Stoff anderen erklärt.

Ein Zusammenhang zwischen der vermuteten Note und dem Teilnahme- bzw. Lernverhalten lässt sich übrigens bei den zehn Befragten nicht feststellen. Die Studierenden geben ihre Einschätzung, wie ihre Klausur ausfallen wird, unabhängig davon ab, wie häufig sie Vorlesung, Übung und Tutorium besuchen oder wie häufig sie Literatur über den Reader hinaus zum Lernen einsetzen.

5. Bewertung von Veranstaltung und Inhalt

Angesichts der oben beschriebenen begrenzten Ambitionen und den Vorbehalten, die bei einigen der interviewten Studierenden gegenüber Mathematik im Allgemeinen und Statistik im Besonderen zu Beginn der Veranstaltung vorherrschten, fällt die Bewertung der Veranstaltung insgesamt recht positiv aus. Im standardisierten begleitenden Fragebogen gaben sechs Befragte die Note „gut" oder „sehr gut", zwei „befriedigend" und zwei „ausreichend". Die beiden Personen, die der Veranstaltung die Note „4" geben, kommen dabei aus verschiedenen Richtungen. Während im einen Fall das Gefühl latenter Überforderung vorherrscht, ist die zweite Person eher gelangweilt und hat generell keine Motivation zum Lernen statistischer Inhalte.

Das Studium im ersten Semester ist in den Geistes- und Sozialwissenschaften für die Studierenden zunächst einmal mit einer Umstellung verbunden, verlangt es doch im Gegensatz zum vorangehenden Schulleben einen größeren Grad an eigenverantwortlichem Lernen und an Orientierung in einer bislang fremden Welt des Wissens, das sich häufig als widersprüchlich darstellt und kaum überschaubar ist. Pädagogik-Studierende fragen sich etwa: „Was sind die Grundlagen des Fachs? Welche Bücher muss ich unbedingt lesen? Welche wissenschaftlichen Positionen sind anerkannt und welche nicht?" Sie müssen zunächst einmal – oft mit Erstaunen – zur Kenntnis nehmen, dass die Lehrenden am Institut durchaus unterschiedliche Antworten auf diese Fragen geben. Da kann dann die sozialwissenschaftliche Statistik geradezu als ein Hort des sicheren, positiven Wissens erscheinen, wie im folgenden Zitat einer Studentin, die gerade die Übersichtlichkeit der Anforderungen als positiv empfunden hat:

> *„B1: Nein, also ich muss sagen, obwohl ich kein Mathemensch bin, ja, also meine Mathematikklausur, meine Mathenote ja wirklich schlecht war, gefällt mir Statistik am besten von meinen ganzen Vorlesungen, weil das irgendwie so überschaubar ist. Ja, ich habe meinen Reader dazu, ich habe meine Formeln dazu, ich kann rechnen, ich kann ausprobieren, das macht schon Spaß kann man sagen. Weil wenn ich das jetzt mit anderen Vorlesungen von Diplom-Pädagogik vergleiche, also da geht man rein und teilweise kriegt man gar nichts mit und bei Statistik komm ich aus der Vorlesung raus und habe das Gefühl gehabt ‚Jawoll, jetzt hast du was, jetzt hast du wenigstens was gelernt.' Ja." (B1, 20)*

Aus den Beschreibungen zur Kategorie „Teilnahmeverlauf an den Veranstaltungen" war bereits zu entnehmen, dass die Teilnahme an den drei Bestandteilen der Veranstaltung – Vorlesung, Übung und Tutorium – recht verschieden ausfallen kann: Viele der Befragten praktizieren eine Art Gruppenverhalten und nehmen an allen Veranstaltungsteilen (fast) immer teil, während sich die Übrigen durch individuell relativ verschiedene Teilnahmemuster auszeichnen. Entsprechend differenziert erscheinen dann auch die Bewertungen der drei Bestandteile Vorlesung, Übung und Tutorium. Da die Teilnahme an allen drei Veranstaltungsteilen freiwillig ist, kann vermutet werden, dass die Veranstaltungsart, die besonders häufig besucht wird, diejenige ist, in der man am meisten zu lernen glaubt und die deshalb auch besonders positiv beurteilt wird. Die folgende Tabelle zeigt für die zehn Befragten ihre eigenen Angaben im Kurzfragebogen zur Teilnahmehäufigkeit an Vorlesung, Übung und Tutorium sowie die Bewertung der Gesamtveranstaltung. Vorlesung und Übung werden deutlich am häufigsten besucht. Dass sich jemand hauptsächlich auf das Tutorium verlässt, ansonsten vielleicht noch in jeder zweiten Woche die Übungen besucht, aber die Vorlesungstermine weitgehend auslässt, kommt nur sehr selten vor.

	Vorlesung	Übung	Tutorium	Zufriedenheit mit Statistikveranstaltung*
B1	sehr häufig	sehr häufig	mind. in jeder 2. Woche	2
B2	selten	mind. in jeder 2. Woche	sehr häufig	3
B3	sehr häufig	sehr häufig	selten	4
B4	mind. in jeder 2. Woche	immer	selten	2
B5	immer	immer	sehr häufig	1
B6	sehr häufig	sehr häufig	nie	2
B7	mind. in jeder 2. Woche	mind. in jeder 2. Woche	mind. in jeder 2. Woche	3
B8	sehr häufig	immer	mind. in jeder 2. Woche	2
B9	immer	immer	sehr häufig	2
B10	mind. in jeder 2. Woche	sehr häufig	selten	4

Tab. 12: Teilnahme an und Zufriedenheit mit der Statistikveranstaltung (*Schulnote)

Didaktisch bilden Vorlesung, Übung und Tutorium zwar eine Einheit, sie werden aber von den Studierenden gesondert und zumindest teilweise auch unterschiedlich beurteilt. Besonders positiv schneidet das Tutorium in der Beurteilung ab. Hier kann man alles noch einmal im Detail durchsprechen, Fragen stellen, sitzt nicht im großen Hörsaal unter 200 Leuten und hat keine oder doch weniger Hemmungen, Verständnisprobleme zu äußern. (vgl. oben den Abschnitt zum Teilnahmeverlauf an den Veranstaltungen)

> *„B1: Das Tutorium war noch besser als die Übung, weil da wurden ja wirklich die einzelnen Sachen noch mal durchgegangen, ja, etwas, etwas tiefer halt, und deshalb, falls ich dann in der Vorlesung und in der Übung irgendetwas nicht verstanden habe, dann habe ich es auf jeden Fall im Tutorium verstanden." (B1, 30)*

Ausdrücklich wird auch die Tutorin Mareike gelobt, weil sie dem Urteil der Studierenden zufolge in der Lage war, Zusammenhänge verständlich zu machen und in geduldiger Weise erneut darzustellen. Dieses inhaltliche Verstehen komme, so ein Befragter, in der Vorlesung zu kurz und in der Übung werde vornehmlich geübt, aber im Tutorium, da gingen dann *„ganze Kronleuchter auf"* (B3, 10).

Auch die Übung erhält eine Menge Lob, insbesondere die Übungszettel werden positiv hervorgehoben. Für einige ist es vor allem die Arbeitsatmosphäre, die die Übung von der Vorlesung unterscheidet. In die Vorlesung, so eine Befragte, gehen fast alle hin und man habe den Eindruck, *„[...] das rauscht halt so irgendwie ein bisschen vorbei"* (B9, 34). Bei der Übung muss man sich hingegen selbst mit der Sache beschäftigen, ist konzentrierter und kann auch Erfolgserlebnisse verbuchen.

Lob erhält allerdings auch die Vorlesung, etwa für die Strukturierung und die gute Zeitplanung. Es zeigt sich aber gerade bei der Vorlesung, dass die Befragten deutlich unterschiedliche Präferenzen inhaltlicher Art haben. Während die einen sich besonders für die Begriffe, Definitionen und theoretische Aspekte interessieren, wollen die anderen lieber schnell zu den Formeln kommen und rechnen.

> *„B4: […] So die Vorlesung war halt, ja also ich fand es manchmal bin ich gerne hingegangen, also gerade in den ersten Vorlesungen war es sehr, sehr gut die Definitionen einfach ja das man das vorerzählt bekommt und auch Beispiele, was später dann sich ein bisschen änderte, weil diese ganzen Formeln, das fand ich für mich persönlich einfacher, die zu Hause durchzugehen und mir das zu Hause allein vorzustellen, also sozusagen nochmal für mich aufzuschreiben als es vorgelesen zu bekommen. Deswegen war ich bei der Vorlesung dann später, als die ganzen Formeln kamen, nicht mehr so häufig, also alle zwei Wochen, jetzt zum Ende hin nochmal häufiger, weil ja noch ein paar Sachen dazukamen wo ich dann doch nochmal hören wollte, wie das ganz genau ist und das beste die Übung halt, die war wirklich gut. Also die Übungszettel fand ich gut, die waren sehr gut strukturiert und man konnte gut mit den anderen das zusammen durchgehen und vor allen Dingen gab es immer reichlich, dass man sich noch einen leeren mit nach Hause nehmen konnte, das heißt, wenn man jetzt die von ganz vom Anfang bearbeitet, dann hat man das schon fast wieder vergessen sozusagen und kann die nochmal durchgehen die Aufgaben und es war wirklich sehr angenehm. Also insgesamt fand ich die Veranstaltung sehr gut und ich sag mal so, also der Herr Professor Muster ist auch ein sehr, sehr sympathischer Mensch […].“ (B4, 12)*

Manifeste Kritik an der gesamten Veranstaltung gibt es nur wenig, wobei Beanstandungen in Bezug auf das Tutorium am seltensten geäußert werden. Dies verwundert eigentlich nicht, denn erstens bleiben diejenigen, die das Tutorium nicht mögen, einfach fern und zweitens wurde bereits beschrieben, dass vor allem die Tutorin und ihr Talent, die Inhalte verständlich und strukturiert darzustellen, von vielen ausdrücklich gelobt wird. Drittens stellt das Tutorium in der Sequenz der drei Veranstaltungsteile jeweils den letzten Lernschritt dar. Es ist lernerorientiert, hier kann sich jeder trauen, Fragen zu stellen, und der Wissensstand ist nach dem dritten Teil der Lehrveranstaltung naturgemäß am größten. Wenn es in Bezug auf das Tutorium Kritik gibt, so nur wegen der Rahmenbedingungen, nämlich dass die Zahl der Teilnehmer zu groß sei, es also mehr Tutorengruppen geben sollte und es mitunter so voll im Raum gewesen sei, dass man nur noch auf dem Boden einen Platz finden könnte.

Auch für die Übung gibt es nur selten Kritik und wenn, dann sind es auch eher organisatorische Angelegenheiten und Rahmenbedingungen, die kritisiert werden, beispielsweise dass zu wenig Zeit für die Besprechung der Übungen übrig geblieben sei oder dass man sich zu Hause einfach besser konzentrieren könne als im Hörsaal. Insgesamt gilt die meiste Kritik der Vorlesung, wenngleich auch hier eine positive Sichtweise überwiegt. Nur zwei Kritikpunkte werden von mehr als einer Befragten genannt, nämlich der Lärm und die Langeweile, die sich beim Zuhören einstelle. Es sind allerdings zwei der zehn Personen, die kritisieren, dass es zu laut gewesen sei und der Dozent hier etwas stärker hätte durchgreifen sollen. Weiterhin kritisiert ein Befragter, dass Fragen der Teilnehmer für die anderen nur schlecht zu verstehen waren und generell vom Dozenten noch einmal laut wiederholt werden sollten.

Der Kritikpunkt „langweilig" wird von zwei Personen vorgetragen und eher unspezifisch geäußert:

> *„B2: […] die Vorlesung jetzt zum Beispiel, die fand ich eher für mich persönlich ein bisschen zu langweilig, zu trocken." (B2, 21)*

Ebenfalls zwei Personen kritisieren, dass sich die Vorlesung zu stark an den im Reader abgedruckten Folien orientiere, so dass sie zu kalkulierbar sei und keine Irritationen auftreten würden.

Reader und Grundlagentext werden im Rahmen der Bewertung der Veranstaltung nur selten erwähnt. Dabei hätte es durchaus so sein können, dass das Lehrbuch von Bortz als zu schwierig oder zu umfangreich empfunden wird. Dies ist aber nicht der Fall, vermutlich auch deshalb, weil die meisten Teilnehmer sich auf den Veranstaltungsreader und die Präsenzveranstaltung verlassen haben und nur selten einen Blick in den Grundlagentext Bortz geworfen haben. Der Reader wird, wenn überhaupt, dann positiv erwähnt, nur eine Befragte glaubt Fehler entdeckt zu haben und regt Verbesserungen an.

6. Verbesserungsvorschläge

Wie gezeigt wurde, sind die Befragten überwiegend mit der Veranstaltung zufrieden, so dass die genannten Verbesserungsvorschläge fast ausschließlich Einzelnennungen bleiben und sich oft auf persönliche Präferenzen und Probleme beziehen, beispielsweise das individuelle Lerntempo oder die Unzufriedenheit mit der Arbeitsteilung in der Projektgruppe. Für letzteres

Problem werden unterschiedliche Gründe genannt. Zum einen wird angeführt, dass die Projektgruppen zu groß seien und man sich kleinere wünscht. Zum anderen resultiere die ungleiche Arbeitsteilung in den Projektgruppen aus der Tatsache, dass jeweils nur eine Person aus den Gruppen an der SPSS-Einführung teilnehmen kann. Wäre diese Zusatzveranstaltung für alle zugänglich, ließe sich die Arbeit aufgrund des gleichen Kenntnisstandes besser aufteilen.

Für verbesserungswürdig befand eine Befragte die Situation der Tutorien, welche zum Ende des Semesters hin zu voll werden und von denen es mehr geben sollte. Eine weitere Einzelnennung ist der Wunsch nach mehr Zeit, denn „[...] *bei den Übungen war manchmal ein bisschen zu wenig Zeit, um die Übungen zu machen. Da war ich noch gar nicht fertig [...]*" (B2, 35).

Eine andere Befragte wünscht sich eine stärkere Verknüpfung mit der Praxis und schlägt vor, den Stoff auf mehrere Semester zu verteilen, diesen dafür jedoch intensiver zu bearbeiten und *„[...] mit anderen Medien noch aufzupeppen"* (B3, 32).

Ebenfalls wurde eine Veränderung im Reader vorgeschlagen, nämlich eine Zusammenfassung am Ende eines jeden Kapitels, welche noch einmal die einzelnen (Rechen-)Schritte verdeutlicht.

Es wurden jedoch auch Verbesserungsvorschläge mehrfach geäußert. Es solle dem oft hohen Lärmpegel in der Vorlesung entgegengewirkt werden: *„Verbesserungswünsche eigentlich nur, dass man irgendwie etwas dann gegen den Lärm macht"* (B6, 18). Eng verbunden damit ist die mehrfach geäußerte Bitte, gestellte Fragen noch einmal laut zu wiederholen, damit alle diese verstehen und etwas daraus lernen können. Aus diesem Nicht-Verstehen der gestellten Fragen resultiert, so eine Nennung, die Unruhe, da jeder wissen wolle, was gefragt wurde.

Ein anderer, mehrfach genannter Verbesserungsvorschlag bezieht sich auf die Gestaltung der Vorlesung. Kritisiert wird, dass vom Dozenten lediglich die Folien des Readers vorgetragen werden. Es kommen die Forderungen nach Abweichungen, durchgängigen Beispielen oder gar Irritationen auf. Diese sollen der Erhöhung der Aufmerksamkeit dienen und zum Mitdenken und Mitschreiben anregen, da man sonst nicht die Vorlesung besuchen müsse.

> *„B2: [...] Vielleicht auf die Folien mal was anderes, also noch ein paar Punkte mehr schreiben, damit man noch mitschreiben kann. (I: Als in dem Reader?) Genau. Also damit man das Gefühl hat, man muss zur Vorlesung gehen, um sich einfach diese Stichpunkte, die da vielleicht noch zusätzlich stehen, auch mitzuschreiben. Und das erweckt*

dann ein bisschen Aufmerksamkeit, ich glaube, dann wäre ich noch öfter da gewesen.“ (B2, 35)

7. Grundhaltungen

Mit der Kategorie „Grundhaltungen“ haben wir die grundlegenden Einstellungen und Herangehensweisen erfasst, die längerfristige Orientierungen und Bewertungen gegenüber dem Lehrinhalt „Sozialwissenschaftliche Statistik“ zum Ausdruck bringen. Sie beeinflussen das konkrete Verhalten, z. B. die Teilnahmehäufigkeit, sowie die Aspirationen als gewissermaßen ständig wirkender Faktor.

Die Grundhaltungen, welche die Studierenden gegenüber der sozialwissenschaftlichen Statistik einnehmen, sind sehr unterschiedlich. Die verschiedenen Grundhaltungen schließen sich nicht gegenseitig aus, vielmehr ist bei vielen Personen eine Gemengelage mehrerer Grundhaltungen anzutreffen.

Grundhaltung „Angst“

Angst vor der sozialwissenschaftlichen Statistik wird in den Interviews häufig genannt. Allerdings muss hier zwischen zwei grundlegend verschiedenen Ausprägungen unterschieden werden. Bei einigen Studierenden existiert zu Beginn der Veranstaltung die diffuse Angst, vor allem den mathematischen Anforderungen, die auf sie zukommen, nicht gewachsen zu sein. Bei entsprechenden Bemühungen und intensiver Nutzung der Lernangebote und Literatur wandelt sich diese Angst oftmals in eine gewisse Sicherheit, die Themen und Aufgaben zu verstehen und in der abschließenden Klausur erfolgreich bearbeiten zu können:

„I: [...] Haben Sie Angst vor dem Thema an sich?

B2: Am Anfang schon, aber jetzt mittlerweile, ich glaube, also ich fühle mich gut vorbereitet für die Klausur. Mittlerweile ist das okay.“ (B2, 24-25)

Bei dieser Ausprägung der Angst handelt es sich nach unserer Definition nicht um eine Grundhaltung, da sie nur kurzfristig auftritt, sondern eher um eine allgemeine Sorge, neuen, zunächst unbekannten Anforderungen nicht zu entsprechen. Bei der Beschäftigung mit den Inhalten der Veranstaltung verschwindet sie und verliert so ihren Einfluss.

Bei den Befragten kommt es lediglich einmal vor, dass die Angst sich im Laufe des Semesters nicht legt. So benennt eine der befragten Personen das

Problem, immer wieder an bestimmten Fragen und Aufgaben zu scheitern, wodurch die Angst vor der Klausur am Semesterende immer wieder neu belebt wird:

> *„B3: Ich habe Angst vor der Klausur, ja. Also, ich habe Angst vor der Klausur, weil ich oft über Definitionen stolpere, die ich dann nicht parat habe und dann nicht weiß, und dass ich dann an der Definition festhänge (I: Okay.) und dadurch einfach Schiss bekomme." (B3, 20)*

Bei dieser Ausprägung der Angst handelt es sich um eine Grundhaltung in unserem Sinne, da sie maßgeblichen Einfluss auf das Verhalten der betroffenen Person ausübt.

Grundhaltung „Hauptsache durch"

Als weitere Grundhaltung lässt sich der nicht mit weiteren Ambitionen verbundene Wunsch, nicht an der Klausur zu scheitern und somit die Veranstaltung wiederholen zu müssen, identifizieren, gemäß dem Motto: Hauptsache durch! Eine der befragten Personen führt etwa die straffe Planung des weiteren Studiums an. Ihre Notenerwartung ist trotz „guter Vorbereitung" nicht besonders hoch. Wichtigstes Ziel ist, dass die Klausur bestanden wird und so der weiteren Studienplanung nichts im Wege steht:

> *„B4: Also für mich ist erstmal wichtig, das zu bestehen, […] ich möchte es nicht unbedingt im dritten Semester nochmal machen, weil ich im dritten Semester richtig, also sehr viel machen werde und deswegen ist es jetzt für mich wichtig das jetzt zu bestehen und ich werd mich auch gut drauf vorbereiten und hoffe ja, dass also ne drei vorm Komma schon steht. […]" (B4, 24)*

Typisch ist der Versuch, mit wenig Aufwand ein möglichst gutes Ergebnis zu erzielen, mindestens jedoch die für das Bestehen der Klausur notwendige Punktzahl zu erreichen. Oftmals wird lediglich auf die angebotenen Veranstaltungen sowie auf das zur Verfügung gestellte Material zurückgegriffen. Darüber hinaus finden kaum Aktivitäten statt.

Grundhaltung „Ambitionen"

Personen, die der Grundhaltung Ambitionen zugeordnet werden können, zeichnen sich durch den Anspruch aus, die Veranstaltung möglichst gut zu absolvieren. Sie sind bereit, hierfür Zeit und Arbeit außerhalb der angebotenen Veranstaltungen zu investieren und auch weitere Literatur hinzuzuziehen.

> *„B6: Ich gehe die Übungen nochmal durch, gehe den gesamten Reader nochmal durch und dann schreibe ich mir eben noch mal für mich selbst Sachen raus, die ich eben noch nicht so gut kann und dann schlage ich das eben im Bortz nach oder in anderen Lektüren oder treffe mich dann eben mit meiner Arbeitsgruppe." (B6, 22)*

Dieser Erfolgsanspruch und die damit einhergehende Leistungsbereitschaft unterscheidet die Grundhaltung „Ambitionen" von der Grundhaltung „Hauptsache durch".

Grundhaltung „Desinteresse"

Eine Person charakterisiert die Veranstaltungen als *„unangenehmes Pflichtprogramm"* (B10, 16). Weiter gibt sie an, dass ihr jegliche Motivation für das Anstreben einer guten Note fehlt (B10, 88). Diese nur einmal vorzufindende Grundhaltung lässt sich als Desinteresse an den Themen der Veranstaltung charakterisieren.

Grundhaltung „Wissensweitergabe"

Eine Grundhaltung, die ebenfalls nur einmal anzutreffen ist, ist der Anspruch, die Themen der Veranstaltung so gut zu beherrschen, dass anderen geholfen werden kann. Eine Befragte hat die Rolle einer privaten Tutorin übernommen und ist in der Situation, das Gelernte an eine andere Person weitergeben zu müssen:

> *„B7: […] und mein Freund hat halt, wollte es halt immer genau wissen und ich habe immer alles erklären müssen, weil er in Mathe nicht so gut war […]." (B7, 18)*

Vor diesem Hintergrund musste sie sich den Stoff selbst so aneignen, dass sie ihn sicher beherrscht. Die Beschäftigung mit dem zur Verfügung gestellten Lernmaterial war so intensiv, dass die Person sogar kleine Fehler darin entdeckt hat.

Grundhaltung „Interesse"

Die letzte Grundhaltung ist das Interesse an der Veranstaltung. Fast die Hälfte der Befragten gibt an, den in den Veranstaltungen behandelten Stoff interessant zu finden. Teilweise gründet dieses Interesse auf der Feststellung, dass der Stoff Relevanz für das weitere Studium oder das spätere Berufsleben besitzt:

> *„B9: […] und ich glaub auch, dass es wichtig ist dann fürs Studium und überhaupt für später" (B9, 14)*

Ein anderer Grund ist die Erkenntnis, dass Statistik nicht als Selbstzweck gelehrt wird:

> *„B8: […] aber man kann einen siebten Sinn dahinter oder kann mit gewissen Begriffen was anfangen […].“ (B8, 12)*

> *„B9: Ja und teilweise ist dann auch der Praxisbezug schon da.“ (B9, 24)*

Neben dem aus der Beschäftigung mit den Themen erwachsenden Interesse gibt es auch Personen, die bereits in der Schulzeit Interesse an Mathematik hatten und die vor diesem Hintergrund auch der sozialwissenschaftlichen Statistik gegenüber eine interessierte Grundhaltung innehaben.

Festzuhalten ist, dass sich das Interesse oftmals erst im Laufe der Veranstaltung entwickelt. Dennoch handelt es sich (anders, als bei der sich im Verlauf des Semesters legenden Angst) um eine Grundhaltung in unserem Sinne, da sie sehr wohl dauerhaften Einfluss auf das Verhalten in Bezug auf die Statistikveranstaltung konkret und auf die Einstellung zur sozialwissenschaftlichen Statistik im Allgemeinen ausübt.

5. Ressourcen zum Thema Evaluation

Ausgewählte Literatur

Im Folgenden haben wir aus unserer Sicht wichtige Literatur zum Thema Evaluation zusammengestellt und kommentiert. Einige Titel beleuchten theoretische Aspekte und Fragen der Qualität, andere geben Anregungen und Anleitungen für die Praxis.

Balzer, Lars (2005): **Wie werden Evaluationsprojekte erfolgreich?** Landau: Verlag Empirische Pädagogik.

> In dieser Dissertation wird ein integrierter Evaluationsansatz entwickelt. Ziel ist die Unterstützung bei der Planung, Durchführung und Bewertung eines erfolgreichen Evaluationsprojektes, wobei keine To-Do-Anleitungen gegeben werden, sondern ein theoretischer Rahmen entworfen wird.

Beywl, Wolfgang; Schepp-Winter, Ellen (2000): **Zielgeführte Evaluation von Programmen. Ein Leitfaden.** Berlin: Bundesministerium für Familie, Senioren, Frauen und Jugend. Online (09.01.2007):
http://www.univation.org/download/QS_29.pdf

> Klassische Arbeitshilfe für die Evaluationspraxis, die sich in erster Linie an Einsteiger richtet. Der Leitfaden bietet Anleitung und Unterstützung für den gesamten Evaluationsprozess von der Planung über die Erhebung bis hin zur Bewertung und Erstellung eines Evaluationsberichts.

Bortz, Jürgen; Döring, Nicola (2005): **Forschungsmethoden und Evaluation. Für Human- und Sozialwissenschaftler.** Heidelberg: Springer.

> Grundlegendes Einführungswerk in die Evaluationsforschung mit einem Schwerpunkt auf quantitative Evaluationsmethoden. Die Sicht auf Evaluation wird von der empirischen Sozialforschung bestimmt, was sich in Begrifflichkeiten und methodischen Verfahren widerspiegelt.

Flick, Uwe (Hrsg., 2006): **Qualitative Evaluationsforschung. Konzepte, Methoden, Umsetzungen.** Reinbek bei Hamburg: Rowohlt.

Interdisziplinäre Aufsatzsammlung, die sich mit der Verwendung qualitativer Methoden in der Evaluationsforschung befasst. Der Bogen spannt sich von der Beleuchtung gesellschaftlicher Relevanz über ausgewählte qualitative Methoden in ihren spezifischen Anwendungsfeldern bis hin zu Fragen der Qualität.

Patton, Michael (2002): **Qualitative research & evaluation methods.** Thousand Oaks, CA: Sage.

Dieses – in dritter Auflage erschienene – Werk beleuchtet ausführlich die Grundlagen qualitativer Sozialforschung. Es werden immer wieder Bezüge zur Evaluationsforschung hergestellt, die mit Beispielen illustriert sind.

Reischmann, Jost (2006): **Weiterbildungs-Evaluation. Lernerfolge messbar machen.** Augsburg: Ziel-Verlag.

Ein Lehrbuch für Praktiker mit zahlreichen Übungsaufgaben. Der Autor führt in die Konzepte und Methoden der Evaluation im Weiterbildungssektor ein. Das Buch hält eine Fülle an praxisnahen Übungen mit Lösungshinweisen bereit.

Sanders, James R.; Beywl, Wolfgang; Joint Committee on Standards for Educational Evaluation. (2006): **Handbuch der Evaluationsstandards. Die Standards des „Joint Committee on Standards for Educational Evaluation".** Wiesbaden: VS-Verlag.

Deutsche Übersetzung des englischsprachigen Referenzwerkes zur Evaluationstheorie und -praxis. Die Standards umfassen Prinzipien, deren Beachtung zu verbesserten Programmevaluationen beiträgt, und zwar hinsichtlich Nützlichkeit, Durchführbarkeit, Korrektheit und Genauigkeit.

Stockmann, Reinhard (Hrsg., 2006): **Evaluationsforschung. Grundlagen und ausgewählte Forschungsfelder.** Münster: Waxmann.

In der dritten Auflage dieses Lehrbuchs werden die wichtigsten Theorien, Methoden und Entwicklungen der Evaluationsforschung beschrieben. Außerdem wird der Stand der Forschung für zentrale Politikfelder resümiert.

Wottawa, Heinrich; Thierau, Heike (2003): **Lehrbuch Evaluation.** Bern: Huber.

Grundlagenwerk zu den Möglichkeiten und Grenzen sozialwissenschaftlich gestützter Evaluation. Der gesamte Evaluationsprozess wird aus theoretischer Perspektive detailliert beleuchtet.

Ausgewählte Internet-Seiten

Evaluationsgesellschaften bzw. Forschungszentren

www.degeval.de

Die DeGEval – Gesellschaft für Evaluation e.V. trägt als gemeinnütziger Zusammenschluss von Institutionen und Personen zur Professionalisierung und zum Informationsaustausch rund um Evaluation in Deutschland und Österreich bei.

www.europeanevaluation.org

Das Ziel der European Evaluation Society besteht darin, Theorie, Praxis und Nutzung hochqualitativer Evaluation insbesondere innerhalb Europas zu fördern.

www.ceval.de

Das Centrum für Evaluation (CEval) ist ein wissenschaftliches Institut an der Universität des Saarlandes. Es leistet einen Beitrag zur konzeptionellen und methodischen Weiterentwicklung der Evaluationsforschung sowie zur Deckung eines steigenden Bedarfs an Evaluationen in verschiedenen Bereichen des öffentlichen Handelns.

www.univation.org

Univation Institut für Evaluation Dr. Beywl & Associates GmbH ist auf die Durchführung von Evaluationen, Evaluationsforschung und Training im Bereich der Evaluation spezialisiert.

Portale

www.evaluieren.de

Hier finden sich Informationen rund um die Evaluation im Bereich digitaler Medien. Die Seite bietet einen Überblick über die Evaluationsmethoden sowie über vorhandene Kriterienkataloge, Praxisberichte und -beispiele.

www.evoluation.de

Diese Seite von Dr. Jens Hense bietet vorwiegend Informationen über Geschichte, Varianten, Ansätze und Facetten von Evaluation in Theorie und Praxis, wobei der Schwerpunkt auf dem Bereich Bildung liegt. Daneben geht es auch um verwandte Konzepte wie Bildungscontrolling, Qualitätsmanagement oder Qualitätssicherung.

www.evaluation.lars-balzer.name

Dieses überwiegend englischsprachige Portal bietet Informationen und Links zum Thema Evaluation. Unter anderem gibt es Informationen rund um die Evaluationsliteratur und einen Kalender mit Kongressen, Workshops etc.

Deutschsprachige Zeitschrift

www.zfev.de

Die halbjährlich erscheinende Zeitschrift für Evaluation behandelt theoretische, methodische und konzeptionelle Fragen, stellt Anwendungsbeispiele vor und diskutiert Fragen der Qualitätssicherung von Evaluation.

Linksammlungen

dmoz.org/World/Deutsch/Wissenschaft/Sozialwissenschaften/Evaluation

Hierbei handelt es sich um eine kommentierte Linkliste deutschsprachiger Internetauftritte zur Evaluation.

wiki.pruefung.net/Wiki/Evaluation

Eine Bibliographie frei verfügbarer Online-Literatur zum Themenbereich Evaluation, die auf einem Wiki-Web basiert, zu dem jeder neue Einträge beisteuern kann.

Deutschsprachige Diskussionsliste

www.uni-koeln.de/ew-fak/Wiso/mailing

Unter dem Namen forum-evaluation stellt die Arbeitsstelle für Evaluation pädagogischer Dienstleistungen an der Erziehungswissenschaftlichen Fakultät der Universität zu Köln zur Förderung des Informationsaustausches unter Interessierten seit März 1997 ein elektronisches Diskussionsforum zur Evaluation bereit.

6. Arbeitshilfen für die praktische Umsetzung

6.1 Zeitübersicht

Zum Abschluss möchten wir unseren Leserinnen und Lesern eine Übersicht über den Zeitbedarf der einzelnen Schritte an die Hand geben. In der unten stehenden Tabelle haben wir für jeden Schritt die Stunden, die wir in unserer Arbeitsgruppe benötigt haben, aufgezeichnet. Angegeben sind die Zeiten für die vier Autoren. Die Arbeitsanteile der drei studentischen Hilfskräfte an den hier aufgelisteten Tätigkeiten haben wir eingerechnet, Hospitationen an Besprechungen wurden zeitlich nicht berücksichtigt.

Natürlich wird nicht jedes Evaluationsteam aus vier Mitarbeitern bestehen. Bei kleineren Gruppen werden für gemeinsame Treffen zwar weniger Stunden anfallen, weil ja bei einem Zweierteam nur vier Personenstunden für eine zweistündige Besprechung nötig sind und nicht acht. Wir denken jedoch, dass der Zeitbedarf für das Gesamtprojekt insgesamt in etwa gleich bleibt.

Es sei noch angemerkt, dass wir unsere Zeitangaben als rahmengebende Orientierung verstehen.

Schritt 1	Evaluationsgegenstand und Evaluationsziele festlegen • Gegenstand diskutieren und festlegen (2 Std.) • Ziele diskutieren und festlegen (2 Std.)	4 Stunden
Schritt 2	Interviewleitfaden und Kurzfragebogen entwickeln • Interviewleitfaden entwickeln (2 Std.) • Kurzfragebogen entwickeln (2 Std.)	4 Stunden
Schritt 3	Interviews durchführen, aufnehmen und transkribieren • Interviewpartner auswählen und ansprechen (1 Std.) • Interviews durchführen (10 x 15 min. ≈ 3 Std.) • Interviews transkribieren (10 x 60 min. = 10 Std.)	14 Stunden

Schritt 4	Daten erkunden, fallweise analysieren und darstellen • Interviews lesen und Notizen machen (5 Std.) • Fallweise auswerten und Darstellung erarbeiten (4 Std.)	9 Stunden
Schritt 5	Kategoriensystem erstellen, Interviews codieren • Kategoriensystem und Codierregeln erstellen (5 Std.) • Interviews codieren (10 x 90 min. = 15 Std.)	20 Stunden
Schritt 6	Daten kategorienbasiert auswerten, Evaluationsbericht erstellen • Daten kategorienbasiert auswerten (9 Std.) • Ergebnisse verschriftlichen (20 Std.) • Ergebnisse in Form von Übersichten und Grafiken visualisieren (4 Std.)	33 Stunden
Schritt 7	Fazit erarbeiten, Ergebnisse rückmelden, Bericht abschließen • Fazit und Konsequenzen herausarbeiten und verschriftlichen (6 Std.) • Rückmeldung und Diskussion mit Auftraggebern (4 Std.) • Bericht in endgültige Form bringen, Daten archivieren (6 Std.)	16 Stunden
		SUMME: 100 Stunden

6.2 Checkliste „Qualitative Evaluation in sieben Schritten"

Mit folgender Checkliste möchten wir auf die wichtigsten Punkte hinweisen, die für ein gutes Gelingen einer qualitativen Evaluation bedacht werden sollten. Sie kann als Schritt-für-Schritt-Anleitung benutzt werden und fasst die ausführliche Beschreibung aus Kapitel 2 zusammen. Wir verstehen die einzelnen Punkte der Checkliste als Anregung und nicht als Pflichtübung, denn sicherlich ist nicht jeder Punkt bei jedem Evaluationsvorhaben anwendbar.

Schritt 1: Evaluationsgegenstand und Evaluationsziele festlegen

- ❑ Als erstes legen Sie den Gegenstand der Evaluation fest: Was soll evaluiert werden und was nicht?
- ❑ Beschreiben Sie das Ziel der Evaluation: Welchen Zweck verfolgt der Auftraggeber, welche Interessen haben die Beteiligten, welche Art von Ergebnissen müssen vorliegen? Was soll mit den Ergebnissen geschehen?
- ❑ Überlegen und beschreiben Sie, wie der Evaluationsgegenstand beschaffen ist: Was kennzeichnet ihn, wie ist er aufgebaut, was soll durch ihn erreicht werden?
- ❑ Berücksichtigen Sie bei Ihrer Planung alle Beteiligten: Wer ist von dem Gegenstand der Evaluation betroffen, wer von der Durchführung, wer von den Ergebnissen?

Schritt 2: Interviewleitfaden und Kurzfragebogen entwickeln

- ❑ Sammeln Sie alle Fragen und Themen, die Ihnen zum Evaluationsgegenstand einfallen.
- ❑ Überprüfen Sie, ob die Fragen und Themen relevant für die Ziele der Evaluation sind. Beschränken Sie sich dabei auf das Wesentliche! Hilfreich dabei ist, sich zu überlegen, welchen Nutzen die Antworten zu einer bestimmten Frage hätten.
- ❑ Entwickeln Sie aus den wichtigsten Punkten einen Interviewleitfaden. Überlegen Sie sich, woran Sie einzelne Punkte messen wollen und for-

mulieren Sie entsprechende offene Fragen, die nicht nur mit ja oder nein zu beantworten sind, sondern zum Erzählen einladen.

- ❑ Stellen Sie alle Fragen zusammen, die sich auch mit einem einfachen standardisierten Bogen erheben lassen (z. B. Alter), und entwickeln Sie daraus einen Kurzfragebogen.
- ❑ Testen Sie in einem Probedurchlauf Interviewleitfaden und Kurzfragebogen, um die Verständlichkeit der Fragen zu überprüfen und die Interviewlänge einschätzen zu können. Dadurch werden Sie auch mit dem Interviewleitfaden vertraut.

Schritt 3: Interviews durchführen, aufnehmen und transkribieren

- ❑ Überlegen Sie, wie viele Personen Sie befragen wollen. Berücksichtigen Sie dabei die Zeit, die Ihnen für Durchführung, Transkription und Auswertung zur Verfügung steht. Gegebenenfalls können Sie überlegen, den Interviewleitfaden zu kürzen, um mehr Personen interviewen zu können.
- ❑ Überlegen Sie sich ein Verfahren, um die Interviewpartner auszuwählen, in der Regel ein Zufallsverfahren, wie z. B. das Los. Suchen Sie mehr Personen aus als befragt werden sollen, falls jemand absagt.
- ❑ Legen Sie für die Interviews einen geeigneten Zeitpunkt fest. Meist richtet er sich nach dem Ziel der Evaluation: Sollen die Interviews vor, während oder nach einem bestimmten Prozess oder Ereignis stattfinden?
- ❑ Überlegen Sie, wer die Interviews wie durchführt: Interviewt einer alle oder gibt es mehrere Interviewer? In welchem Raum finden die Interviews statt? Am Telefon oder persönlich? Mit welchem Equipment wird aufgezeichnet? Sind die Batterien Ihres Aufnahmegeräts geladen ☺?
- ❑ Zu Beginn der Interviews sollten Sie die Befragten über Ziel und Zweck der Befragung sowie über den Umgang mit persönlichen Daten und den Ergebnissen informieren. Prüfen Sie, ob rechtliche Aspekte bei der Datenerhebung, der Auswertung oder der Veröffentlichung der Ergebnisse zu beachten sind.
- ❑ Verschriftlichen Sie die Interviews nach einfachen Transkriptionsregeln und speichern Sie jedes Interview in einer RTF-Datei. Rechnen Sie für

diesen Schritt etwa die 4- bis 8-fache Zeit der Interviews ein. Achten Sie darauf, die Anonymität der Befragten zu gewährleisten.

- ❑ Importieren Sie die RTF-Dateien in das Auswertungsprogramm MAXQDA, indem Sie zunächst ein neues Projekt erstellen, dann eine Textgruppe anlegen und die Funktion „Texte einlesen“ auswählen.
- ❑ Die Daten des Kurzfragebogens können Sie in MAXQDA in der so genannten Variablenmatrix eintragen. Wählen Sie für Zahlen den Typ „Ganzzahl“ oder „Fließkommazahl“ und für Text den Typ „String“.

Schritt 4: Daten erkunden, fallweise analysieren und darstellen

- ❑ Beim nun folgenden Lesen der verschriftlichten Interviews sollten Sie auf jeden Fall sofort alles Auffällige und Wichtige in Stichpunkten notieren – am besten gleich im Computer, evtl. direkt als Memos in MAXQDA.
- ❑ Aus den Notizen generieren Sie für jeden Fall stichpunktartige Zusammenfassungen („Case Summarys“). Vergleichen Sie die Stichpunkte zu den einzelnen Fällen, um weitere Auffälligkeiten sowie Unterschiede und Gemeinsamkeiten herauszuarbeiten.
- ❑ Suchen Sie für jedes Case Summary einen charakterisierenden Kurztitel: Was kennzeichnet den Befragten am treffendsten?

Schritt 5: Kategoriensystem erstellen, Interviews codieren

- ❑ Sammeln Sie Vorschläge für ein Kategoriensystem, indem Sie als erstes ca. fünf thematische Auswertungskategorien benennen, nach denen Sie die Interviews auswerten möchten. Die Kategorien sollten sich an den Evaluationszielen und dem Interviewleitfaden orientieren.
- ❑ Überprüfen Sie Ihr Kategoriensystem anhand der folgenden Kriterien: nicht zu feingliedrig, trennscharf, im Hinblick auf späteren Evaluationsbericht formuliert, Evaluationsziele als roter Faden erkennbar. Sie sollten Ihr Kategoriensystem zunächst an ein bis zwei Interviews testen und gegebenenfalls modifizieren.
- ❑ Geben Sie das fertige Kategoriensystem in MAXQDA im Fenster „Liste der Codes“ ein.

- ❑ Wenn Sie im Team codieren wollen, verdreifachen Sie am besten das Kategoriensystem und färben es unterschiedlich ein. Die Interviews teilen Sie unter den Teammitgliedern auf, so dass jeweils zwei Personen ein Interview in einer festgelegten Farbe codieren. Jeder codiert in einer Kopie der MAXQDA-Datei zunächst die ihm zugewiesenen Interviews und trifft sich anschließend mit seinem Teampartner, um unterschiedliche Textzuordnungen zu vereinheitlichen. In einer zentralen MAXQDA-Datei sammeln Sie die schlussendlichen Codierungen, indem Sie die Teamworkfunktionen von MAXQDA nutzen.

Schritt 6: Daten kategorienbasiert auswerten, Evaluationsbericht erstellen

- ❑ Gehen Sie Kategorie für Kategorie vor oder teilen Sie die Kategorien im Team auf, um einen Ergebnisbericht zu erstellen.
- ❑ Lassen Sie sich für eine Kategorie zuerst die zugeordneten Textstellen in MAXQDA im Fenster „Liste der Codings“ anzeigen. Lesen Sie die Textstellen und identifizieren Sie wichtige Themen. Sind einer Kategorie sehr viele Textstellen zugeordnet, können Sie für eine bessere Übersicht wichtige Themen als eigene Unterkategorie anlegen, um entsprechende Textstellen in diese einzusortieren.
- ❑ Verschriftlichen Sie alles, was Ihnen zu einer Kategorie auffällig und für die Evaluationsziele wichtig erscheint. Dafür können Sie die Inhalte der Kategorien und ggf. Unterkategorien zusammenfassend beschreiben. Versuchen Sie dabei ein gutes Maß zu finden zwischen Beschreibung und Interpretation. Auch quantifizierende Aussagen, wie z. B. „die Hälfte der Befragten“, sind möglich.
- ❑ Bereichern Sie Ihren Evaluationsbericht durch Zitate aus den Interviews, die Sie über die Zwischenablage oder Exportfunktion von MAXQDA einfügen können. Zitate sollten Ihren Text jedoch nicht dominieren und müssen zudem mit einer Herkunftsangabe gekennzeichnet sein (z. B. „B3, 4-5“ für „Befragte 3, Absatz 4 bis 5“).
- ❑ Um Ihre Ergebnisse zu illustrieren, können Sie auch Tabellenübersichten anlegen, Ergebnisse der Kurzbefragung einfließen lassen oder Grafiken erstellen, z. B. mit MAXMaps.

Schritt 7: Fazit erarbeiten, Ergebnisse rückmelden, Bericht abschließen

- ❑ Als Abschluss Ihres Evaluationsberichtes sollten Sie in jedem Fall die Ergebnisse zu einem Fazit verdichten, das Bezug nimmt auf den eingangs formulierten Gegenstand und die Ziele der Evaluation.
- ❑ Stellen Sie Ihren bisherigen Bericht dem Auftraggeber und ggf. anderen Beteiligten vor und diskutieren Sie die Ergebnisse. Ergänzen Sie den Bericht anschließend um hinzugewonnene Erkenntnisse.
- ❑ Das Manuskript muss abschließend in eine druckreife Version gebracht werden, wobei Sie noch die Anhänge dokumentieren und die erhobenen Daten archivieren sollten.

Literatur

Balk, Michael (2000): Evaluation von Lehrveranstaltungen. Die Wirkung von Evaluationsrückmeldung. Frankfurt/Main: Peter Lang.

Balzer, Lars (2005): Wie werden Evaluationsprojekte erfolgreich? Landau: Verlag Empirische Pädagogik.

Beywl, Wolfgang (2006): Evaluationsmodelle und qualitative Methoden. In: Flick, Uwe (Hrsg.): Qualitative Evaluationsforschung. Konzepte – Methoden – Umsetzungen. Reinbek bei Hamburg: Rowohlt, S. 92-116.

Beywl, Wolfgang; Schepp-Winter, Ellen (2000): Zielgeführte Evaluation von Programmen. Ein Leitfaden. Berlin: Bundesministerium für Familie, Senioren, Frauen und Jugend. Online (09.01.2007): http://www.univation.org/download/QS_29.pdf

Bortz, Jürgen (2005): Statistik für Human- und Sozialwissenschaftler. Heidelberg: Springer.

Bortz, Jürgen; Döring, Nicola (2005): Forschungsmethoden und Evaluation. Für Human- und Sozialwissenschaftler. Heidelberg: Springer.

Diekmann, Andreas (2006): Empirische Sozialforschung. Grundlagen, Methoden, Anwendungen. Reinbek bei Hamburg: Rowohlt.

Flick, Uwe (Hrsg., 2006): Qualitative Evaluationsforschung. Konzepte, Methoden, Umsetzungen. Reinbek bei Hamburg: Rowohlt.

Hopf, Christel (1978): Die Pseudo-Exploration. Überlegungen zur Technik qualitativer Interviews in der Sozialforschung. In: Zeitschrift für Soziologie, 7, S. 97-115.

Hopf, Christel (1979): Soziologie und Qualitative Forschung. In: Hopf, Christel; Weingarten, Elmar (Hrsg.): Qualitative Sozialforschung. Stuttgart: Klett-Cotta, S.11-37.

ILMES (2005): Internet-Lexikon der Methoden der empirischen Sozialforschung. Online (15.05.2005): http://www.lrz-muenchen.de/~wlm/ilmes.htm

Kelle, Udo (2006): Qualitative Evaluationsforschung und das Kausalitätsparadigma. In: Flick, Uwe (Hrsg., 2006): Qualitative Evaluationsforschung. Konzepte, Methoden, Umsetzungen. Reinbek bei Hamburg: Rowohlt., S. 117-134.

Kelle, Udo; Kluge, Susann (1999): Vom Einzelfall zum Typus. Fallvergleich und Fallkontrastierung in der qualitativen Sozialforschung. Opladen: Leske + Budrich, S. 54-74 (Kap. 4: Verfahren der Fallkontras-tierung II: Die Kodierungen qualitativen Datenmaterials).

Kirchhoff, Sabine; Kuhnt, Sonja; Lipp, Peter; Schlawin, Siegfried (2001): Der Fragebogen. Datenbasis, Konstruktion und Auswertung. Opladen: Leske + Budrich.

Kowal, Sabine; O'Connell, Daniel C. (2000): Zur Transkription von Gesprächen. In: Flick, Uwe; Kardorff, Ernst von; Steinke, Ines (Hrsg.): Qualitative Forschung: Ein Handbuch. Reinbek bei Hamburg: Rowohlt, S. 437-447.

Kromrey , Helmut (2001): Studierendenbefragungen als Evaluation der Lehre? Anforderungen an Methodik und Design. In: Engel, Uwe (Hrsg.): Hochschulranking. Zur Qualitätsbewertung von Studium und Lehre. Frankfurt/Main, S. 11-47.

Kuckartz, Udo (2007): Einführung in die computergestützte Analyse qualitativer Daten. Wiesbaden: VS-Verlag.

Lüders, Christian (2006): Qualitative Evaluationsforschung – Was heißt hier Forschung?. In: Flick, Uwe (Hrsg., 2006): Qualitative Evaluationsforschung. Konzepte, Methoden, Umsetzungen. Reinbek bei Hamburg: Rowohlt., S. 33-62.

Mayring, Philipp (2000): Qualitative Inhaltsanalyse. Grundlagen und Techniken (7. Auflage). Weinheim: Deutscher Studien Verlag.

Miles, Matthew B.; Huberman, A. Michael (2005). Qualitative Data Analysis – an Expanded Sourcebook (2nd edition). London: Sage.

Patton, Michael (2002): Qualitative research & evaluation methods. Thousand Oaks, CA: Sage.

Reischmann, Jost (2006): Weiterbildungs-Evaluation. Lernerfolge messbar machen. Augsburg: Ziel-Verlag.

Rieker, Peter (1993): Zur Situation der Datenerhebung. In: Hopf, Christel/Schmidt, Christiane (Hrsg): Zum Verhältnis von innerfamilialen sozialen Erfahrungen, Persönlichkeitsentwicklung und politischen Orientierungen. Dokumentation und Erörterung des methodischen Vorgehens in einer Studie zu diesem Thema, S. 43-56. Online (17.01.2006): http://w2.wa.uni-hannover.de/mes/berichte/rex93.htm

Rindermann, Heiner (2001): Lehrevaluation. Einführung und Überblick zu Forschung und Praxis der Lehrveranstaltungsevaluation an Hochschulen mit einem Beitrag zur Evaluation computerbasierten Unterrichts. Landau: Verlag Empirische Pädagogik.

Rindermann, Heiner; Kohler, Jürgen (2003): Lässt sich die Lehrqualität durch Evaluation und Beratung verbessern? In: Psychologie in Erziehung und Unterricht 50. Jahrgang, S. 71-85.

Rotem, Arie (1978): The Effects of Feedback from Students to University Instructors: An Experimental Study. In: Research in Higher Education, Vol. 9, S. 303-318.

Rotem, Arie; Glasman, Naftaly S. (1979): On the Effectiveness of Students' Evaluative Feedback to University Instructors. In: Review of Educational Research, Vol. 49, Nr. 3, S. 497-511.

Sanders, James R.; Beywl, Wolfgang; Joint Committee on Standards for Educational Evaluation. (2006): Handbuch der Evaluationsstandards. Die Standards des „Joint Committee on Standards for Educational Evaluation". Wiesbaden: VS-Verlag.

Schmidt, Christiane (2003): „Am Material": Auswertungstechniken für Leitfadeninterviews. In: Friebertshäuser, Barbara; Prengel, Annedore (Hrsg.): Handbuch Qualitative Forschungsmethoden in der Erziehungswissenschaft. Weinheim, München: Juventa, S. 544-568.

Seale, Clive (1999): The Quality of Qualitative Research. Thousand Oaks u. a.: Sage.

Stockmann, Reinhard (Hrsg., 2006): Evaluationsforschung. Grundlagen und ausgewählte Forschungsfelder. Münster: Waxmann.

Witzel, Andreas (1982). Verfahren der qualitativen Sozialforschung. Überblick und Alternativen. Frankfurt/New York: Campus.

Witzel, Andreas (2000). Das problemzentrierte Interview [26 Absätze]. Forum Qualitative Sozialforschung / Forum: Qualitative Social Research [Online Journal], 1(1). Online (17.01.2006): http://www.qualitative research.net/fqs-texte/1-00/1-00witzel-d.htm
Wottawa, Heinrich; Thierau, Heike (2003): Lehrbuch Evaluation. Bern: Huber.

Methoden

Hans Benninghaus
Deskriptive Statistik
Eine Einführung für Sozialwissenschaftler
10., durchges. Aufl. 2005. 285 S.
Br. EUR 19,90
ISBN 978-3-531-14607-2

Alexander Bogner / Beate Littig /
Wolfgang Menz (Hrsg.)
Das Experteninterview
Theorie, Methode, Anwendung
2., durchges. Aufl. 2005. 278 S.
Br. EUR 24,90
ISBN 978-3-531-14447-4

Michael Häder
Empirische Sozialforschung
Eine Einführung
2006. 497 S. Br. EUR 19,90
ISBN 978-3-531-14010-0

Cornelia Helfferich
Die Qualität qualitativer Daten
Manual für die Durchführung
qualitativer Interviews
2. Aufl. 2005. 193 S. Br. EUR 14,90
ISBN 978-3-531-14493-1

Betina Hollstein / Florian Straus (Hrsg.)
Qualitative Netzwerkanalyse
Konzepte, Methoden, Anwendungen
2006. 514 S. Br. EUR 39,90
ISBN 978-3-531-14394-1

Udo Kuckartz
Einführung in die computergestützte Analyse qualitativer Daten
2., akt. und erw. Aufl. 2007. 268 S.
Br. EUR 19,90
ISBN 978-3-531-34247-4

Heinz Sahner
Schließende Statistik
Eine Einführung für Sozialwissenschaftler
6. Aufl. 2005. 155 S. Br. EUR 16,90
ISBN 978-3-531-14687-4

Nadine M. Schöneck / Werner Voß
Das Forschungsprojekt
Planung, Durchführung und Auswertung
einer quantitativen Studie
2005. 229 S. mit CD-ROM. Br. EUR 23,90
ISBN 978-3-531-14553-2

Erhältlich im Buchhandel oder beim Verlag.
Änderungen vorbehalten. Stand: Januar 2007.

www.vs-verlag.de

VS VERLAG FÜR SOZIALWISSENSCHAFTEN

Abraham-Lincoln-Straße 46
65189 Wiesbaden
Tel. 0611.7878-722
Fax 0611.7878-400